こころの
臨床セミナー
BOOK

愛と死

生きていることの精神分析

松木邦裕
Kunihiro Matsuki

藤山直樹
Naoki Fujiyama

創元社

緒言

精神分析は愛の学問です。その根底にあるのは「人間愛」です。それは精神分析を知る誰からも否定されない事実でしょう。しかし、愛を深く見つめるその視線の鋭さゆえに、精神分析を誤解する人たちもいました。その人たちからは、精神分析は性に対する猟奇的な関心が特徴であり、性の解放をいたずらに主張している、と見られました。けれども、事実はまったく異なります。精神分析は愛を解放しようとしたのです。

歴史が教えてくれるのは、宗教と道徳があたかもみずからの独占領域であるかのように振る舞ってきたものが、愛であったということです。それは、愛を不必要に拘束し、そのあり方を窮屈にしました。本来は、エデンの園のアダムとイヴのように、愛は自然なはずでした。精神分析は愛の科学であり、個々人が自分のやり方でこころに愛を置けるように支援する実践なのです。

フロイトは神経症の精神分析を実践していくなかで、性欲動と自己保存欲動という二つの愛の欲動に葛藤しながら、ひとは人生を送っていることを看破しました。しかし、さらに精神分析の実践を重ね、人間理解を深めていくなかで、人間がもっと深刻な悲劇を抱えて生きていることに気が付かざるを得ませんでした。ひとのなかの「死に向かう力」の強力なことを発見したのです。ゆえに後年フロイトは、愛を表わす欲動として「生の欲動」、死の衝迫を表わす欲動として「死の欲動」という二大欲動を提示したのでした。しかし、それでも精神分析は〈愛の学問〉なのです。後継者たちは死の欲動論には強く抵抗しました。それは今日も続いています。

本書こころの臨床セミナーBOOK『愛と死』で私たちは、精神分析の欲動理論を検討するのではなく、日々実践している精神分析臨床での愛と死、精神分析臨床を踏まえた愛と死を見つめていくことを試みました。愛と死という、いわば日常のものに、精神分析の視座から光を新たに当てる試みです。

私たちは生きているのですから、その生を支える〝愛〟とその生を揺さぶる〝死〟を見つめる機会を持つことは、私たちの人生を新たにとらえ直す貴重な機会となるでしょう。

その検討の成果は、私たちの日常臨床にも、日々の生活にも、還元できるものと考えます。本書を通してそれらの臨床知を読者諸氏と共有し、深化できますなら、私たちには大きな喜びです。

本書を故 狩野力八郎先生に捧げたいと思います。先生は精神分析に人生を捧げられましたが、そうした生き方を誇示することは決してされず、生き方そのものを通して私たちに示されました。そこには精神分析への愛があり、私たちへの愛がありました。先生の死はどれだけ惜しんでも惜しみたりるものではありません。愛から死を学び、死から愛を学ぶことを習いました。

ここに改めて哀悼の意を表します。

二〇一六年 葉月

海に揺れる遠いあかりを眺めながら

松木 邦裕

もくじ

愛と死

――生きていることの精神分析

装丁　上野かおる

講義 I

愛と死について考えること

藤山 直樹

愛を語るプラクティス

今日、私はケースを出さずに、あえて「精神分析が〝愛と死〟についてどう考えているか」ということに、できるだけ迫ろうというふうに思います。

個人的なことですが、つい一週間前の日曜日、私の父親が死にました。その一週間前には、スーパーバイザーだった狩野力八郎先生が亡くなりました。ですから私はいま、〝死〟について「考える」というよりも、その直接的な大きなインパクトを体験しているところです。いま〝死〟について「考える」ということは、私にとって大きな挑戦であるように思います。この機会をもてたことは、とても苦しい部分はありましたが、幸運なことであったかもしれません。

愛と死の体験水準

愛と死というのは、よく並べられて語られますが、じつはこれらは本質的に水準が違うものです。私たちは「愛する」という心的体験をもてるけれども、「死ぬ」という心的体験はもてません。このごく当たり前の事実からスタートしなければいけないと思うのです。そういう意味で〝愛〟と〝死〟は人間にとっては違う、体験の水準としてまったく違うものなのです。それなのに、なぜかよく並べられるというのは不思議なことではあります。

精神分析は「主観的な体験」というものをベースにものを考える、学問というか、プラクティスです。それはいわゆる心理学とは違います。心理学は基本的には実証的な客観的な知に持っていこうとしますが、かたや精神分析は、人間のこころはそんなやり方では掬い取れないと、もう最初から諦めています。

ひたすら主観的な体験を通じて、何か考えていこうとしているというところに、このプラクティス、ディシプリンの特殊性があると私は思っています。とすれば、精神分析的にものを考えるなら、主観的な体験という側面でみたとき、〝愛〟と〝死〟がまったく異なる水準にあることを押さえておくことがまず重要でしょう。

精神分析はもともとフロイトがつくり出した「愛の学問」です。つまり、ひとりの人間が乳幼児から成人まで、どのように〝愛〟を体験するのかということがその人間の成り立ちにとって本質的なことである、と考え、それにフォーカスしてものを考えていこうとしたのです。つまり最初から、愛は精神分析と不可分なものなのです。

そもそも精神分析は、ヒステリーの治療を試みるところから、この世に生まれました。ヒステリーはほとんど「愛の傷つき」によってできてくる病理です。その「傷つき」が外から来るものなのか、自分の内側の本能的なもの、欲動に由来して傷つくのかということはともかく、ヒステリーが主観的には「傷ついた愛」の病理であることをベースにして、そのヒステリーの人をどう扱うか、ということを考えているときに精神分析は生まれたわけです。したがって、ブロイエル *Breuer, J.* とフロイトによって精神分析が最初に発想されたとき、〝愛〟というものがかなり中心的にならざるを得なかったのです。

ただフロイトは生物学者でしたから、〝愛〟を語るプラクティスだとか、〝愛〟を語る学問としての精神分析を生み出すにあたって、リーベ *Liebe*（愛）としてとらえるだけではだめだと思ったのです。そこで、セクシュアリティというか、トリープ *Trieb*（欲動）という生物学的実体から発想していきました。

突き動かすサムシング

トリーブは「本能」と訳されたり「欲動」と訳されたりしていますが、どちらも的確ではないかもしれません。この言葉は、アングロサクソン／ゲルマン民族の共通の語源から生まれている言葉で、英語で言えばドライヴ *drive* です。ドライヴというのは「駆り立てる」ということですから、トリーブは駆り立てるものということです。そこには「本能」というようなソリッドな生物学的実体というニュアンスはありません。また、トリーブには欲動という言葉に入っている「欲」という意味がないのです。「ドライヴ」にも「欲」はないと思うのです。主体が欲をもっている、何かを欲望している、というより、「駆り立てるもの」は主体の外部、生物学実体としてのヒトの身体から入ってくるのです。

フロイトは生物学者でした。だから、人間はその「生物学性」によって駆り立てられている、というモデルからスタートしたわけです。人間のこころを突き動かすサムシングがある。生物学性、人間の生物として側面がまず動因になっている。ここのところが精神分析の基礎にある重要な想定です。ユング派のように「魂」に言及したりはしません。個人を超越した体験をこころは生まれたときから営んでいますが、それを生み出しているのは生物学性なのです。人間は生物であり、自分のパーソナルな体験の外部から、生物学的なヒトとしての何かが自分を突き動かしている。フロイトはそういうところから人間理解をスタートしているわけです。そのときに非常に重要なものが、生物としてのセクシュアリティです。すべての愛を「セクシュアリティ」ということに位置づけていくわけです。

このように、心理的な意味とか、人間体験の意味づけ、組織化とか、そういうものを、「性愛」「トリープ」「欲動」といった生物学的な概念を軸にして考えるのがフロイトの考え方でした。つまり、心的な意味、私たちがこころのなかで持っているさまざまな意味が、全部、もともとは生物的に決定されている、ということなのです。

生物学性のパーソナライズ

そして、その意味づけの組織化原理が「エディプス・コンプレクス」であるとフロイトは考えました。たったひとつの組織化原理で、すべての心的なパーソナルな意味が生まれてくるというこのアイデアは、考えてみるときわめて野心的で挑戦的なものです。人間は普遍的で個人を超えたところから入ってくるインパーソナルなものを、エディプス・コンプレクスを通してパーソナライズしていくことで「人間」になるのです。

一九一六年から一九一七年の『精神分析入門』の講義をするところぐらいまでで、ほとんどの「古典理論」はもう出来上がりました。そこから後、「後期理論」に行くときに、フロイトはまた大きな揺らぎを経験するわけですが、その『精神分析入門』で結構コンパクトにきちっと体系づけられた「古典理論」においては、「エディプス・コンプレクス」というものを基本的な組織化原理として、人間の生物学性というものが、〃愛〃というか、「性愛」というレンズを通して心的意味を創り出してゆく、ということをベースにして人間を考えるということに、一言でいえばなると思うんです。

『精神分析入門』といえば、私の甥っ子が京都大学の史学科にいるんですが、このあいだ彼に「フロイトって読んだことある?」と訊いてみました。「ありますよ」とか言うから、「何を読んだの」と言ったら、『精神分析入門』だと言うんですが、「わかった?」と言ったら、「ぜんぜんわからない」とか言っていました。まぁ、あれは入門書じゃないのですからね。フロイトの理論的到達点を示す重要なひとつの講義録なわけですよね。そこまでで彼の愛の理論はほぼ完成しているわけです。

愛という傷つき

まとめていえば、結局、フロイトが言ったのは「人間は〝愛〟というものを軸に、さまざまなパーソナルな心的な意味を構築し、心理的主観的な体験を体験しているんだ」ということです。そして、それは、もともとヒトの生物学性からこころの領域に入ってくるものです。

ところが、そこでフロイトは「エネルギー論」というのを持ち込んだのです。私は白状しますと、精神分析のなかで「エネルギー経済論」とか「リビドー論」の部分というものが皆目わからないのです。とにかく、ありとあらゆるフロイトの論文を読んでいても、「リビドー論」の話になってくると頭がこんがらがってくる。クエスチョン・マークがばーっと頭に湧いてきちゃってどうしようもない。そういう人間なんですね。

性的エネルギーであるリビドーが anal に退行する、なんて書かれていると、「リビドーというエネルギーが退行する」ということがどうしてもイメージできない。性感帯が動く、というのはわかりますよ。そして口愛的・肛門愛的・男根愛的な関係のありかた、空想も、十分イメージできるわけです。乳幼児が発達するにつれてそうした関係性や性感帯を変遷させていくというのは十分わかる。当然のことだと思う。ところが、エネルギーが退行する、っていうのがわからない。紫なのがピンクに変わるのか、なんてイメージが唐突に出たりする。エネルギーというものが実体がないですから、なんか霞のようなものの変化をイメージするしかなくて、そうすると色くらいしかイメージできない。そういうぼやーっとした混沌としたものが、変化すると言われても困るわけです。

エネルギー論への疑問

人間のこころにエネルギーという概念を持ち込むことは、私には非常に違和感があるんです。それは、つまり、「トリープ」というのが、エネルギーという物理的でインパーソナル *impersonal* なものの出し入れとして語られるわけです。エネルギーという、物理的概念をそこに持ち込んでくる。

当時のフロイトが、思春期から青年期にかけて、科学少年、哲学少年だったフロイトが身につけた当時の物理学が彼の発想の根源にあることは間違いありません。エネルギー保存法則みたいなものがベースにある。そういうものから生まれてきた概念化なんだと思うんです。この考え方では、私たちの体験している愛情や欲望は、エネルギーの出し入れであるということになる。エネルギーをどこに持っていくかが問題です。そして、エネルギーを出し入れすることが本質であって、それをこころがどう体験するかということを〝愛〟というふうに呼んだりしているだけだのものだ、ということです。あくまで本体はエネルギーの出し入れなんですよ、という考えなんです。

それは、私が考える精神分析の基本的な前提とは、あまり一致しないのです。というのは、私が考える精神分析の基本的前提とは、こころというものがいくつもの自律的な実体によってかたちづくられている、ということだと思っているからです。

そうした複数の自律的実体がおたがいに対話したり、おたがいを欺いたり、おたがいを投影同一化し合ったりしているのが、心的な現象の本質です。人間のこころが非常にばらばらで、相互に関係しコミュニケートしているようなさまを描き出していくということに、精神分析の本質があると思っているわけです。

つまり、こころのさまざまな部分がたがいに疎外し合ったり、コミュニケートし合ったりしているさま、こころのさまざまなセグメント、それは、超自我・自我・エスというフロイトの後期の概念化でもいいし、意識・無意識という古典的概念化でもいいけれども、こころの複数のセグメントが自律的に動いている。それらはそれぞれが非常に自律的で勝手に作動しているセグメント、つまり、それぞれの原理で動いているセグメントです。つまり、ひとつのこころなんていうものはないわけです。

そのこころが、何とか自分とか私というある種の「錯覚」というか、まとまりのある自分というものを体験するために、必死の努力をしているさまというものを描き出しているのが精神分析です。つまり、人間が私というか自分というか、そういうものをもつことは非常に難しいものなのです。難しいというよりむしろ、それはひとつの「錯覚」のようになものでしかありません。

つまり、「自己実現」なんていうお気楽なものはないのです。そういうものはない、こころはそんなもんじゃない、人間とはそんな予定調和的なものではないものではない。フロイトが言いたかったことはそういうことだ。ともいえるでしょう。こころは私から疎外されているし、私もこころから疎外されています。精神分析がそうした人間のこころの「本質的な不自然さ」というものに立脚しているということに、私は非常に重要な意味を感じています。

そうすると、こうした理論的な枠組みに、いきなりエネルギーが出て来てしまうと、なんだかわからなくなる。そうした実体のあいだでエネルギーはどんなふうにやり取りされているのか。ますます訳が分からなくなる気がするんですね。こころがこころから疎外されているというのが面白いわけですから。そこにエネルギーという物理的なものをもってきても、そりゃあ、疎外されているに決まっていますよね、異質だから。「いくつものシステムの関係性と対話」というモデルの面白さを邪魔するような気がするんです。物理的実体のようなものを持ちだすと。精神分析の精神分析らしさというものが、薄まってしまう気がします。

私からすると、彼が言っているように、生得的な性愛的体験生成のシステムがあって、体験、行動触発がおこなわれていく、ということは、べつにリビドーというエネルギーを想定しなくても充分に成り立つと思えます。エネルギー論を前提する必要は、私はないと思っているんです。

フロイトはなぜエネルギー論を導入したんだろうか、と考えると、やはり心的な体験の「強度」というものを理論のなかに取り込みたかったということがあるのではないか、と思えてきます。その「強度」というものを人間の生物学性に由来するものとして概念化するためには、当時の自然科学の基本的な考え方で幅のなかでは、やはりエネルギーというものを持ってくることでしか対処できなかったのでしょう。

つまり、激しく愛しているとか、ちょっと愛しているとか、かすかに愛しているとか、そういうことを表現するために、エネルギー量がどれくらい対象に「備給」されるかを問題にしたというわけです。

ちょっと脇道に入りますが、言葉の問題について話します。ちゃんと元のところにもどってくるつもりですよ。

「備給」という言葉を日本語で他に使う場合はないでしょう。どうしてそういう難しい言葉「備給」をもってきたんでしょう。もともとそれは Besetzung というドイツ語の言葉の訳語です。これは「割り当て」とか「投資」とか「充当」とかいう日常語としても使いうる言葉なんです。それを英語標準版を訳したストレイチー *Strachey, J.* が cathexis という、たいへん難しい新造語といってもよい言葉に翻訳したんです。動詞は cathect です。でもこれは、普通の言葉だったら「インヴェストメント *investment*」（投資）でもいいんですよね。それを cathexis にしたことで、難しい言葉になっちゃいました。そして日本語でも普段使わない言葉である「備給」という訳語にしちゃった。

精神分析の日本語の用語で、僕が一番好きでないのは「備給」です。あと、「審級」です。「審級」なんて言葉使いますか、ふだん。一年生から二年生へ「進級」するという意味ではないですよ。「審判」の「審」に「学級委員」の「級」と書くんです。それは Instanz という言葉のドイツ語を訳したもので、これは「法廷」という意味があったりします。「一審」「二審」「三審」というときは、確かに裁判の「審級」を表わしているんです。でもInstanzは日常語です。ふだんからよく使う言葉なんですよ。いろんな意味がある。英語にinstanceという英語がありますが、あれと語源が同じなんですから。それを「審級」という言葉に翻訳してしまうとなんだか非日常的なことになる。ちなみに日本のラカン派の人たちは「審級」がすごく好きですよね、なぜか。ストレイチーはこのInstanzはシステムのことだから「システム *system*」と訳すべきか、それとも、「エージェンシー *agency*」と訳すべきかを迷った末に、一応、英語版では、ほぼ「エージェンシー」という言葉になっているわけです。

それは正しいと思うんです。「エージェンシー」は、「政府機関」とかの「機関」として普通訳されるけれども、「機関」というふうに訳されればたしかにたいていのところですんなり読める。機関は日常的に使う言葉ですからね。日常的に使う言葉は日常的に使う言葉に置き換えられるべきなんです。「審級」とか訳したり、「備給」とか言うから、余計に何か難しくなっちゃうんです。

最近、私は『フロイト技法論集』を翻訳をして出版したわけですが、この、自分なりにフロイトをもう一回訳し直すというプロジェクトでは、そういう言葉としての読みやすさに気を配ろうと思って訳しなおそうとしています。じつは、次は『症例集』と『メタサイコロジー論文集』もやろうと思っています。臨床家が読むフロイトをほとんど訳してから死のうと思っているんです。いまの岩波版を私はそれほど不正確だとは思いませんが、あまり読みやすくないし、臨床家向きではないと思います。治療のことを「ケア」なんて訳しているし。違和感がある。

こうやって「死ぬまでに」なんて考えるのは、自分の父親が亡くなったことで、次は俺の番だという考えがものすごく強くなってきているせいだと思うんですよね。自分の父親が死ぬということは、自分の〝死〟を強く意識させる出来事です。

私の父親は、去年の三月ぐらいまで、バドミントンとかやっていたんですよ。それがもう死んじゃうわけだから。この一年間、何かものすごい、のべつ幕なしに田舎に帰らなければいけない、自分の生活もそうだったけれども、すごく〝死〟というものの圧倒的な力を感じたわけです。

さてそれはともかく、本題に帰りますが、フロイトの精神分析のなかでの〝愛〟のいちばん重要なファンクションは、〝愛〟の体験がこころの組織化を促していく、ということに尽きます。これがフロイトが発見したことのなかでもいちばん大きなことだと彼自身も思っていましたし、私もそう思います。そして「エディプス・コンプレクス」が先験的にその組織化原理を供給しているわけです。

性愛の危険性

ところが、一方で〝愛〟の体験というのが、脆弱な状態のこころにとっては極めて外傷的だという考え方もあります。これは、明確にそういうふうにフロイトは語っていません。フロイト以後の後、精神分析は、人間が〝愛〟の体験をやり取りするまでには、とくに現実の〝愛〟の体験をやり取りまでには、ある種の成熟が必要だということを考える可能性の方に進みます。前エディプス的な体験というものに対してフォーカスしていった結果、こういう考え方が出てきたわけです。

たとえばウィニコット *Winnicott, D.W.* は、「性愛は雷のように外的である」というふうに書いています。セクシュアリティというのは、雷のように外的だと。そこには外的だけでなく危険という含みもあります。雷ですから落雷で死んじゃうことだってあるわけです。とてもわかりやすくいえば、中学生にセックスをさせないほうがいいという話です。まずこころのある種の全体的なある組織が十分にできあがったところでセックスが入ってこないと、こころには取り返しのつかない災厄が生まれてしまうのです。

性愛という生物学性からやってくるものを、ちゃんとパーソナルでヒューマンな形に自分に役立てることができる準備がないとそれはこころの組織化に貢献するどころか、こころをばらばらにしてしまうというのがウィニコットの考えです。乳児期からエディプスにまつわる性愛的空想を投影し取り入れて、こころを組織化するというクライン *Klein, M.* の考えとは対極的です。性愛は外から入ってくるわけです。〝愛〟は、こころが生み出しているというよりも、外から入ってくる。それは心理的な体験なんだけれども、外から入ってくるものに駆動されて生じてくる。それがどう組織化に貢献するかが重要です。その組織化のありようによって、すなわち性愛にどのように対処するかというやりかたに応じて、人間はパーソナリティをつくっていく。それがフロイトの精神分析の基本的なものの考え方です。そこは共通の前提だとしても、性愛というものの危険性についての認識が違うわけです。

ウィニコットは、性愛がこころに持ち込まれるためにはまず「ビーイング *being*」が確立されることが重要だと言いました。存在ということですね。連続性のある一貫したひとつの存在としての乳児という「ビーイング」は、早すぎる〝愛〟によって粉砕されてしまうのです。あまりにも早く性愛が入って来る、すなわち環境としての母親でなく、ひとりの人物としての母親、欲望の対象としての母親が乳児の世界に入ってきてしまうと、とんでもないことが起こる。まだ、母親－乳児というもの、環境としての母親に抱えられるようにして全体的な存在を維持している乳児が、一気に断片化してしまうわけです。これを「インピンジメント *impingement*」と呼んだわけです。気が狂ったり、埋めあわせのように対象としての（環境としての、でなく）母親に嗜癖的にしがみつくことになる。

あまりにも早い性愛への曝露は危険だとウィニコットは考えているわけです。性愛という体験がこころの組織化の促進という建設的な効果を生むには、こころの側にある種の準備が必要であるという想定があるわけです。

語りとしての愛

体験のレディネス

さて、フロイトはエネルギーとして性愛を考えていましたが、じつは「空想」としてとらえる道筋も用意しています。「空想」とは、言い換えればひとつのストーリー、物語です。

フロイトは晩年一九三〇年代の『女性の性愛について』、一九二〇年代終わりの『解剖学的な性差の心的な帰結』という論文を書きました。男と女はどうして違うこころを持つのだろうか？　性差はどうやって出来ていくのだろう？　ということに彼は晩年に取り組んだわけです。

こういうことを考えるとき、どうしてもフロイトは、実際に男の子が女の人の陰部を見てペニスがないということにおののく、とか、あるいは、男性、男の子に生えているおチンチンをみて女の子が羨ましく思う、とか、実際に起きている現象を発達観察したかのような書き方で論文を書き進めている部分があります。

ここは、発達心理学的にいえば当然、批判されるべきところです。そんな観察は実証されていません。だけれども、去勢恐怖だとか男根羨望とかは、精神分析にとってきわめて重要な理論的な礎《いしずえ》を成しているものだと私は思います。

それは、一方でフロイトが、そうしたペニスをめぐるいろいろな情緒をともなう空想や考えが、あらかじめ系統発生的に全人類に共通に用意されているという考えを明らかにしているからです。こういうことをフロイトはもう一九一五〜一九一七年ぐらいのところで言っているわけです。『精神分析入門』にも記載がありますし、「狼男」の論文にも出てきます。「原空想 *primal phantasy*」というかたちで出てきます。

つまり、異性の親と性交する空想とか、男の子がお父さんを殺したいという空想とか、去勢する／されるとか、そういういろんな空想が、生得的に人間には備わっているのです。フロイトの言葉でいえば「系統発生的遺伝」のなかで伝播されて、私たちの素質の一部になっています。平たい言葉でいえば、そういう空想を、ある時期になれば平均的環境のなかで子どもが体験する仕掛けが、脳のなかにインストールされているということなんです。

つまり、性的な体験の起源として、エネルギーの出し入れではなく、体験生成の枠組というものがあるという立場に立つということです。いくら生得的と言っても、もちろんバーバー、バーバー言っている赤ん坊が、そういうことを最初から考えられる能力があるはずもない。単にある発達の局面において、ある空想を誰もが普遍的に体験するレディネスがあるということです。つまり、エディプス・コンプレクスにまつわる空想の束、去勢不安、男根羨望とかそういうものを体験するレディネスを持って生まれてきているというふうに、フロイトは考えていたようです。その「原空想」というものじたいは、系統発生的に準備された空想の内容じたいは、全人類に共通してインストールされている。人間のこころのなかにはめ込まれている。

つまり、エネルギーがどこにどう割り当てられていくのか？　という筋道は、すでに生得的にインストールされている。この考えはすでに、私の読むところでは『性理論に関する三つのエッセイ』という一九〇五年の論文にもおぼろげに現われているように思います。それをさらに明確にしたのが、一九一〇年代の「原空想」の概念です。

死の欲動

さて、ここで重要なのは、この概念をもっと前エディプス的なところに拡大したのがクラインだということです。クラインは無意識的空想というものを、生後直後から活動し始めるものだと考えました。それを投影したり、取り入れたりすることによって乳児のこころがかたちづくられていきます。

しかし、このときに、クラインの考えでは、心的組織化の原理は〝愛〟「性愛」ではなくて〝死〟「死の欲動」なのです。「死の欲動」に由来する不安にどう対処するか、ということをめぐってこころが組織化されていくのです。ここで「死の欲動」というきわめて批判の声が高い概念を彼女が中心にもってきたことは、注目に値します。

私は「死の欲動」という言葉に対する多くの人の拒否感は、トリープ *Trieb* を「欲動」とか「本能」と訳すからなのだろうと思います。トリープはこころの外から来るもので、人間の本質的傾向を作るものです。フロイトの言いたかったことは、人間にはもともと死の方向というか、死というか、滅亡というか、解体とか、そういうものに向かっていく自然な傾向がある、それは生物学的に人間に組み込まれている、というアイデアです。

これは、こころの領域外の議論であればごく当たり前です。人間は全員死ぬわけですが、それは本来死ぬようにできているからです。私たちには、死ぬ遺伝子があるわけです。けっして、事故や災厄や病気からだけではなく、そうしたものをうまく利用して死ぬように人間はできているから死ぬのです。ひとりひとり、みんな死んで次の世代にいろんな資源を渡していく。私たちが永久に生きたら次世代は困ってしまう。だからそんなことが起きないように、だんだん衰えていくように、人間のからだは出来上がっているわけです。

そういうことのあらわれがこころにもあるとフロイトは言ったに過ぎないと私は思います。そういう意味では、「死の欲動」というのは当然な気もするのです。しかし、クラインは「死の欲動」をほぼ破壊性と同義に考えていたようです。それはすこしフロイトの言いたかったこととずれているように私も思われます。クラインは「死の欲動」を彼女の観察した、前エディプス的な攻撃性にまつわる臨床事実の説明のために、やや強引に彼女なりの解釈のもとで引っぱってきているようです。

ともかく前エディプスを支配しているのは「死の本能」という組織化原理なのだ、というのが、クラインの言ったことだと言っていいと思います。ここで〝死〟の話に繫がっていくわけです。

知り得ない死

ここまで〝愛〟についてはけっこう話し尽くした感じがあるんですが、おそらく聴衆の皆さんはまとまった何かを得たというふうに体験しておられないかもしれません。私も別に、まとまった何かを伝えるというようなことを狙ってはいません。だからそれはそれでいいのだろうとは思います。

とりあえず〝愛〟というのは基本的には主観的な体験としてあって、その主観的な体験がどこから生まれてくるんだろう？　というのがフロイトの基本的な問題意識だったのではないかと思うのです。

知り得ないものを語る

ところが、先ほども言いましたが、ちょっと哲学的な議論になってしまうけれども、〝死〟というのは心理現象ではないのです。死という体験を持った人は、世のなか、ひとりもいないわけです。私たちは死んだことがない。それなのに、死んだこともないくせに〝死〟を語っているわけです。そういう動物は人間だけでしょう。犬は〝死〟を語っているでしょうか？ワンワン言っていますが、あれは語っていないんじゃないでしょうか。

〝死〟ということを語れるのは、おそらく人間だけに許された機能なんだろうと思います。〝死〟はなにか怖いものです。犬は「危険」を回避しようとしますが、「その先の死」が怖いというふうには体験していない。〝死〟という概念、表象を彼らはもっていない。人間は〝死〟という究極に不可解なものについての概念をもってしまいました。

その〝死〟というものを、自分のこころというか、主体的な自由意思の範囲のなかに収め込もうとする絶望的努力のひとつが「自殺」だといえるでしょう。〝死〟という不可解なものを自分のコントロール下に入れたいわけなんでしょう。それを自然に委ねられないわけでしょう。それが「自殺」のひとつの動機なのでしょう。

質も量もない死

ともかく〝愛〟と〝死〟は体験のされかたが違います。

「愛している」というのは、当然、皆さんは意識的に体験したことがあるでしょう。無意識的には、ものすごくいろいろ体験していると思うんです。その無意識に体験していることについて、ごちゃごちゃ言っているのが精神分析なんです。

ところが〝死〟は体験することができません。〝愛〟を体験しているとき、人は「情緒」を体験しています。愛が主観的な体験であるというのは、結局、「情緒」の主観的体験なわけです。主観的な「情緒」として、それを表現する形容詞もあるわけです。愛しているとき、憎んでいるとき、私たちは「情緒」を体験しているし、それにはさまざまな色合いがあり、それを表現する言葉は皆さんもご存じのようにおびただしくある。

でも〝死〟は体験ではないですから、「情緒」の質を表わす形容詞は純粋にはないわけです。死は単に死なんです。その質はない。〝死〟は人間にとって質がないんです。〝愛〟には質があります。激しい愛、素敵な愛とか。自滅的な愛とかもある。いろんな質があります。

〝死〟にはそれがないんですよ。そんなものが、ぜんぜん。〝死〟は〝死〟なんです。ここがとても大事です。

〝死〟には量もない。〝愛〟は「すっごく愛している」とか「ちょっとだけ愛している」とか、いろいろあります。量がある。些細な憎しみ、激しい憎しみ、そういうのがある。ところが〝死〟には量がないんです。「大きな死」とか「小っちゃな死」というのはないんですよ。とにかく〝死〟は死なんです。

つまり、このように、質も量もないものというのは、心理的な体験ではあり得ないです。すべての愛や憎しみは心理現象だけれども、死は心理現象ではない。これは「死がこころの外にあるものだ」ということです。永久に外にあるものです。当たり前のことを言っているだけですけど……。

だから〝愛〟と〝死〟は同列には並べられません。〝死〟は本来、主観的に体験することができない何かなのです。したがって、それを考え概念化するといっても、まったく違った水準になってきます。

死のインパクト

そもそも「考える」ということがどう成立してくるのか、ということを考えると、ビオン

Bion, W. をはじめとする現代の精神分析の考え方からすれば、「考える」ことは、投影同一化を媒介とした対人的相互作用だったものがこころのなかに収納されることによって生まれる、ということになっています。

ところが〝死〟は投影できませんから、投影同一化のなかでやりとりされることはできない。心理的な体験ではないのですから。それは、主観的な体験を持たないひとつの「概念」なのです。ですから、森とか空気のように、徹底的に外的なものなのです。

だけど、ここで重要なのは、私たちにとってのインパクトが、森や空気と〝死〟では違うということです。つまり〝死〟というのは特殊な「概念」なのです。特別な、私たちにきわめて独特のインパクトを及ぼす概念だということです。森や空気や財布や本とかとは違うわけです。あるいは、社会主義とか仏教とか理性とかというような抽象概念と比べても、〝死〟は違うインパクトを及ぼします。明らかに違います。

これは、とっても重要なことです。

〝死〟というものは、体験できないのにも関わらず、「概念」としてインパクトがあるんですよね。〝死〟の概念を思い描くという体験のもつインパクトとは、主体が「死を恐れる」という情緒を体験することです。〝死〟には強烈な「恐怖」がともなう。

ふた月ほど前になりますか、私は父のそばにいました。父は、もうすぐ自分が死ぬんじゃないかと思っているわけです。もちろん私もそう思っています。彼のベッドには、「絶飲食」という札が掛かっていました。彼は私に「なにか口入れてくれよ」と言ってくるんだけれども、私のほうでは、その札を指して「先生がこう指示しているからだめなんだよ」と言ったりする。すると、父は、「こんなこと（絶飲食）で、いつまでもつんかのう」と、言うわけです。

こういうことを言われると、ちょっと微妙な気持ちになってきます。「いつまでもつんかのう」という発言は重いです。私は、「いま中心静脈栄養というのを入れて、栄養はちゃんと入っているから、ずっともつと思うよ」と言ったわけです。ま、これは嘘ではない。そのとき、彼はすごいことを言ったんです。「でも十年はもつまいのう」と。愕然としました。「この人はまだ十年以上生きるつもりなのか」と思いました。衰弱しきっていてがりがりに痩せていて、感染症がコントロールできず、絶えず腎不全になりかかっているこの状態で。そして「どうなるじゃろうのう」と言いました。

「この人はいま『自分が死ぬだろう』という圧倒的な恐怖におののいているんだろう」と私は思いました。でも、それをいま現在のことにして考えられないから、この栄養摂取で十年ももたないのではないか、という遠い問題にすりかえているようだ、と思いました。父親は、少なくとも彼の無意識は「自分が死ぬということがどういうことなのか」「死んだらどうなるのか」

「死ぬというのはどういう体験なのか」、そのことを考えていたのでしょう。

私が医者だからそのことを教えてくれないかと思ったのかもしれません。でも誰も本当に死んだことのある人はいません。誰でも、何か差し迫る危機というものがあると、そういうことを体験した人のそばに行って何か教えてほしいと思うわけでしょう。でも、私も死んだことがないですからね。なにも教えてあげられないわけです。

死の床にある人とともにいるときに体験する私たちの独特の感覚というのがあります。私は今回体験してみて、彼の圧倒的な「孤独」を癒しがたいものとして体験することが大きいのかなと思います。明らかにこの人は何かに慄き、何を知りたがっていて、何かを尋ねたがっている。でも彼は、それを誰も答えてくれないことを知っている。そして私たちも、自分が答えられないことを知っている。

医者だから、私が何となく〝死〟について知っているかのように彼は考えたのかもしれない。だから、さっきのような質問をするわけだけれども、でも、本当のところは私もわからない。そのことを、彼はどう思っていたのか。それもよくわからない。

つまり、人間にとって〝死〟というのは、誰もそれにまつわる体験を教えてくれる可能性のない出来事です。誰も死んだことがないわけです。

「死ぬ」という自動詞がありますよね、日本語でも英語でも。飛ぶとか、眠るとか、歩くとかみたいなのと同一の水準の言葉として並んでる。I sleep. I walk. I dream. と同じく I die. とか言うことができる。

ところが「死ぬ」というのは特別なことです。つまり、すべての行動が、ジャンプにしても、スリープにしても、私たちは、体験の手応え、手触りというものをもっているわけでしょう。私たちはその体験の手触りを保持しながらその自動詞を語るわけです。ところが「死ぬ」は行為として語られながら、体験がないわけです。しかもその体験は、誰によっても報告されていないでしょう。

臨死体験を報告してくる人は一杯います。でもその人たちは死んではいない。死んでないから報告できたわけです。あれは、死ぬ前に脳が一生懸命何か苦しみを和らげようとしている、苦しい事態をごまかそうとしてなにか必死でやっている、それを体験しているのではないかと私は思います。自分自身の〝死〟そのものを報告した人はいない。〝死〟は語ることができない。

ほんとうのことを言えば、「死が訪れる」というふうに言うべきなんだと思います。だけど、そうは普通は言わない。みんな〝死〟をほんとうには考えることができないくせに、自動詞で語れるかのようにごまかそうとして、「死ぬ *die*」という言葉を使う。そうやってあたかも〝死〟が考えられる形を帯びているような錯覚を作っているのかもしれません。だけど、ほんとうのことを言うと、考えられない。

考えられない究極

私はここまでくどくどと〝死〟が体験できず考えられないものだ、ということを言い続けただけです。精神分析が主観的な体験を相手にする「学」だとすると、私たちは〝死〟そのものを対象にすることはできない。死への「恐れ」や死の「予測」や、あるいは「死んでしまった」という空想を対象とするしかない。

ここで生じる大きな疑問は、〝死〟ということがどんなことかを知らないのに、なぜ私たちは恐れるのだろう？　ということです。やはりそれは、絶対的に考えられないし、知ることができないからだと思うんです。

人が死んだらいなくなることは、近親者や友人の死に直面してわかる。それはとても不可解なことです。いままで私たちの生活世界にいた人がいなくなる。私たちが死んだら、そういうふうに「いなくなった」と私たちの周りの人たちから思われるのだろう、ということはわかる。

でも私たちはその「いなくなった」人が何を体験したのかは知らない。私たちが〝死〟というものを怖がるのは、こころが怖がるのは、考えられなかったり、知らなかったりするからではないかと思います。

不安の源泉としての恐怖

フロイトは「後期理論」になって、この「死への不安」というものを軸に不安理論を組織したわけです。「古典理論」では、不安というのは、性愛が鬱積する。性的なエネルギーが鬱積しちゃったものが不安を生むという理論です。鬱積不安です。

でも、フロイトは、「後期理論」になって、初めて「死の不安」というか、寄る辺なさとか、ヘルプレスネス *helplessness* とか、外傷的な危険状況に対する信号であるとか、そういう概念を持ち出します。それは、結局、生まれたばっかりのときの強い寄る辺なさとかをベースにしている。私たちはそんなことは覚えていないけれども、そういう体験をしたのだろうと想定する。そういうことをベースにして、「後期理論」の不安が生まれた。「死の恐怖」こそが、不安の源泉なのです。

単純に言うと、フロイトは「古典理論」までは〝愛〟というものをめぐって組織されて大人になり、次世代を生んでいく、そういう人間を描いています。ところが、「後期理論」では、知り得ないものを恐れるということ、そういう本質的な人間の不安を軸にものを考えたのです。私はそう思っています。その方向、死の恐怖というものを基礎にものを考える方向を推し進めたがクラインだったのだと思います。

〝死〟は確実にあります。あるにはあるんですが、体験していることは自覚することが永久にできない。知ることはできない。

そういう意味では、ビオンがOと言ったことと非常に近いわけです。「究極の真実」はあるんだろうけれども体験できない。知ることはできない。私たちはOになるしかない。Oになるということが、精神分析家の重要な機能だとビオンは言いました。私たちが精神分析家として生きるということは、いったん〝死〟になるということに近いのかもしれない。つまり、分析的な体験というのは、そういう意味で、限りなく〝死〟というものに近づくということになるんだろうか。私はそんなことを考えてしまいます。

私がこの数年考えているアイデアに、この考えられないという体験が、人間の「死体」をめぐる体験とつながっているのではないか、というものがあります。このラインで書いたのが、

『落語の国の精神分析』という本で『らくだ』という噺を読み解いた章です。

死体の恐怖

『らくだ』というのは変な話です。いきなりそこに死体が横たわっているというところからスタートします。こんな話をよく考えたもんだと思います。

これは、もともと上方、関西の話なんですよ。これはいまでは東京で普通にやられてますが、それは大正時代の柳家小さん、四代目柳家小さんが持ってきたものなんです。やっぱりすごかったのは、亡くなった五代目笑福亭松鶴でしょうね。このあいだも人間国宝の桂米朝が亡くなりましたけれども、米朝松鶴という時代が関西の上方落語にはあったんですよ。米朝という人はめちゃくちゃインテリな人で、頭のいい人ですけれども、松鶴さんはそういう意味では、もっと「ほんまの落語家やなあ」みたいな人だったと思います。松鶴の『らくだ』はすごいし、その松鶴の『らくだ』の凄みは、いまは弟子の鶴瓶に受け継がれていると思うんです。

ちょっと脱線しましたが、その『らくだ』というのは、いきなりそこに「らくだ」というあだ名のやくざ者の死体があるんですよ。河豚食って死んだというのが見え見えの状況で。その死体をヤクザ者仲間半次が発見して、恰好悪いから、葬式だけはしてあげなきゃいけないといって、金をいろんな人を強請《ゆす》って集めるという文脈の中で起こる話です。たまたま通りかかったばっかりに、半次の小間使いのように使われる屑屋の久さんという人が、「あの人が死んだんですけど、金をください」と言って歩くわけです。「金をくれなかったら、半次という野郎がらくだに『かんかんのう』を踊らせると言っていますよ」と、半次に言われたように伝えるわけです。相手は「冗談じゃねえよ。あんな奴のために金が出せるか。『かんかんのう』、踊らせられるもんなら踊らせてみろ」とか言っていると、本当に半次は久さんに死体を背負わせて踊らせにやって来て、死体を踊らせる。するとみんな、うわーっと驚いて金を出すという場面が出てきます。

つまり、死体を怖がっている人と、怖がっていない人がここに存在する。〝死〟は本当は考えられないけど、私たちは考えられる形にもっていこうとする。ひとつの社会的できごとの形に仕立て上げていく。葬式はその最大の仕掛けです。いろんなことをして本来考えられない〝死〟を文化的にくるんで考えられるかのように装っていくわけです。そうして私たちは、誰かの死を考えることができるようになる。

しかし、私たちが〝死〟そのものの考えられなさ、剥き出しの現実に露骨に直面するのは、いきなりそこに死体が出てきたときなんです。文化的にくるまれた「死」は考えられるけど、剥き出しの「死体」は考えられない。半次も九さんも死体を恐れることが本当にはできない人間として描かれている。健康な人間は死体を恐れることができる。それは、〝死〟の考えられなさを真に体験しているということですが、それができない人間とはなんだろうか。この本では、それができないふたつのタイプとして倒錯と精神病の心性を描き出しました。専門家向きの本ではありませんから、そういう用語では書きませんでしたが。死体をめぐる体験は、〝死〟の考えられなさに対するその人間の態度を端的に反映している、というアイデアを私はもっています。

生きたくて死ぬ

臨床家が〝死〟について考える以上、私はやっぱり「自殺」の問題に踏み込まないわけにはいかない気もします。ここで注意したい点は自殺する人たちはたいていどうも死ねば楽になる、と思っているということです。私たちはよく、「死ねば楽になる」と思いがちですよね。ここに妄想があるのは間違いありません。死ねば楽になるということは、誰も報告していませんからね。そんなことはわからないことなんですよ。だいたい、死んでしまったら、「楽だ」と体験する自分がいなくなるわけですから、楽なわけがないと私は思います。ですから「死ねば楽になる」というのは単なる妄想です。

「死ねば楽になる」と考えるとき、その「楽」というのは、乳児の頃の体験に帰りたいということなのではないでしょうか。母親－乳児ユニットのなかで、思考も欲望も象徴も必要なく、主体性も自他別もなく、ただ単に生きていたあの頃（このアイデアはウィニコットのものですが）の体験を求めているのではないかと思います。何も考えない。何にも煩わされない。何も悩まない。何も悲しまない。何も望まない。他者も自分もいない。ただ生きている。それはそういう体験です。私は、自殺する人たちはウィニコット的なあの世界に帰りたいと思って死ぬ、自殺するのではないかと思っています。

ところがどっこい、母親‐乳児は生きているんです。アライヴ *alive* です。死んでいない。人間のこころは、こころが非常に死んでいる *dead* とき、生きていると体験できないときに、とにかくこんな死んでいる体験をするのが嫌だから、せめてあのときのように無条件に alive になりたい、生き返りたいと思うんでしょう。

でも成人のこころには、あのときのようなことは思い描けない。どうしたらそこに戻れるのはわからない。だから、勘違いして「とにかく、死んでしまえば煩わされない」という考えになって、生物学的な死を選んでしまう。ひとはあのときのように「生きたい」と思って、死ぬのでしょうね。だけど、生物学的に死んじゃうと、あのときのように「生きる」ということはもうできないんですけどね。そこが混線してしまっている。

自殺したいということは、こういうことなんじゃないでしょうか。デス *death* の体験でなく、デッド *dead* な体験をしている個人が、もう一回アライヴ *alive* な体験、無構造なアライヴな体験に戻りたいという願望で、その願望の間違った実現策として、death を求めてしまう。そういうことなのだろうと思います。そして「死ねば楽になる」という、なにも確証もない妄想に取りつかれてしまうんだろうと思います。

患者さんが「楽になりたいから死にたい」と言えば、私は「楽になるとどうしてわかるのですか」と、精神科医として言っています（分析に入っている人であれば、それはたいてい転移的な発言だと思うので、そっちの文脈で扱うのですが……）。「あなたが楽になったと感じる、その『あなた』がいなくなるんだよ」ということを言います。「それじゃ楽になりようがないでしょう」というようなことを絶えず言っています。

「死ねば楽になる」というこの妄想を大規模に組織化したのが、宗教です。「パラダイス」とか、「天国」とか、「浄土」とかを持ち出してきて、死ねば楽になると言いますからね。そう言っておいて「自殺は罪だ」とかわけのわからないことで歯止めをかけたりする。そのくせ「死んだ後、いいことがあるぞ」って言いますからね。

主体のないアライブネスというか、母親－乳児的な世界を何とか具現できないかという、人間のそういう妄想を組織化して、社会化して、そこで商売をしているというような気がするんですね、宗教というのは。

後半は〝死〟について考えてきたことを、すこしまとめて話してみました。だから、〝死〟というものについての関わり方が、考えられないもの、ビオンのO的な何かをどう処理するかという、そういうことのモデルを提供していると私は思います。〝死〟そのものは体験できなくても、〝死〟というインパクトのある概念をどう扱うか、ということが人間性を生んでいくんだろうと私は思います。

はい、今日はまぁ、これぐらいにしましょう。

討論

松木　藤山先生、ありがとうございました。愛と死というものを、さまざま角度から、深い話もしていただいたと思います。

松木　さっきの話ですが、あの落語はなんで『らくだ』というタイトルだったのですか？

藤山　それは、その死んでいる男が「らくだ」というあだ名だったということです。

松木　ああ、そうか。

藤山　その頃ちょうど江戸時代の終わり、日本にラクダが来たことがあるんです。見世物として連れてきて、みんなで「大きいねえ」とか言って驚いていたんです。おそらく死んでる「らくだ」は、やたらに体がでかくて役に立たないやつだったんでしょう。それで、そんなあだ名がついた。

松木　ああ、なるほど、そういう意味なんですね。よくわかりました。

それを聞いて、私が思い出したのは、小学校四年生の二学期か何か終わった後、友だちのところに遊びに行って、隠れんぼみたいなことをしたんです。そうして、僕は、何かちょっと小さい山地《やまち》みたいになっているところに隠れたんですよ。そうしたら、そこに赤ちゃんが置いてあったんです。それを見た途端、「ああ、この赤ちゃんは死んでいる」と、僕は思ったんですよ。ほんとうに死んでいたんですけどね。

藤山 ええっ、すごいことを言い出しましたね。

松木 実際、死んでいたんですが、後でわかったんだけれども、若夫婦が夫婦喧嘩をして、旦那が赤ちゃんを連れて出たんだけれども、あんまり泣いて騒ぐものだから、相手ができなくて、もう、そこに置いて行っちゃった。そして、そのまま死んじゃっていたんですね。死なして置いたのかな。よくわからない。ちょっと覚えていないけれども、小学校四年生の頃、僕はただ、見た途端に「この子は死んでいる」と思ったんですよ。〝死〟というのはそういうものなんですね。

藤山 そうだろうね。

松木 あとで警察が事情聴取に来て、四年生の僕に「なんで死んでいるとわかったのか」と問うわけです。そんなの、説明できないです。だって、見た途端に「ああ、死んでいる」と思って、やっぱり死んでいたんですものね。

藤山 それって、「あっ、こいつは俺を殺そうとしている」というような、妄想知覚的……一次妄想知覚ってあるじゃないですか。あれに近いんですよね。

松木 うーん。

藤山 すごく。

松木 でも、当たっていましたけれどもね。

藤山 うん、それはそうですよね。何かこう、先験的に何か、ぎゅっとこう掴んだ。

松木 はい。

藤山　うん、すごいな。すごい体験をしましたね、先生。

松木　私の家《うち》は、産婦人科の開業医だったんですね。それで、医院と家が横なわけですよ。それで、赤ん坊が生まれてうぎゃうぎゃ泣くのは、もう嫌になるほど聞いていて、だから「生きた赤ん坊を知っているから、死んでいるとすぐわかったんじゃないか」と、母親が警察に説明して、警察も「なるほど」と言っていたんですが、僕はぜんぜん納得していなかったですね。そんなこと、どうでも良かった。とにかく見た途端、「あっ、死んでいる」と思ったんですものね。

藤山　つまり、経験によって学んだのではないわけですね。

松木　ではなく。

藤山　ア・プリオリであるというふうなことですね。

松木　そういうことですね。だから〝死〟というのは、そういうものではないんでしょうかねえ。

ありがとうございました。そういうことで、少し時間がありますので、皆さんのほうで何かご質問とか、いろいろコメントとかがありましたら、ぜひお願いします。

松木　皆さんがお考えになる時間があるかと思いますので、もうひとつ、お話をしたいと思います。先生がビオンのOということを言われましたよね？　それで〝死〟というのがそのOに当たるということで。でも、ビオンは一方では「ビカミングO」と言って、Oは絶対の不価値なものであり得るんだけれども、「Oになる」ということも言っていますよね？　なんで彼がそんなことを言うようになったのかなというのを、いま先生が〝死〟の話をされたので考えたのです。

ビオンは、十八歳のときに戦車隊に入っているんですよね。それで班長みたいな仕事をしていたんです。その戦車隊の小さいグループの班長みたいな仕事です。当時は、イギリスの戦車よりドイツの戦車がはるかに上等でした。それで、当時の戦車は、まだ鉄の塊みたいなものだから、班長というのは、戦車の外に出て、前から戦車が進むのを指図しないといけないわけです。

藤山　とんでもない仕事だな。

松木　敵の戦車の一番的《まと》になるという、そういう仕事をしていたんですね。だから、ほんとうに、いつ死ぬかわからないという状況を生きていた。ほとんど生きているか死んでいるかわからないという、そんな破局的な感覚だったのではなかったかと思います。

だから彼は、晩年も、いろんな形で自分の自伝的なものを含めて、繰り返し戦争体験について書いています。やっぱり、彼の最大限の実感できる感覚として〝死〟というものを体験したのかもしれないと思います。

はい、いかがでしょうか。皆さん、何かありませんか。

A　ケースを通じて気になったことがひとつあります。〝愛〟のある人というか、親御さんからは愛情を受けて育った人と、逆に「〝愛〟というものが怖い」、むしろ「人といることが怖い」と言う人はいると思うんです。そういう人たちが感じる「死への恐れ」というのは、なにか質的に違うのかなとか、.それが気になったのですけれども。

藤山　何と何が質的に違うのですか。

B　愛されていることがある人が感じる〝死〟と、愛されたことがないと感じているような人の〝死〟の体験のされ方……といいますか。

藤山　でも、愛されていないということを感じている人は、〝愛〟ということをこころで知っているわけですよね。

Ａ　そうです、はい。

藤山　だから、〝愛〟というものがすでにある世界、つまり、フロイト的な、中期理論的な、リビディナルな世界のなかで、「愛される」という体験が奪われたと思っているわけですよね。もちろん、例えば、強迫神経症の人の感じる〝死〟と、ヒステリーの人の感じる〝死〟とは、ずいぶん違うとは思います。

このことは、私がしゃべったことには全く含まれていなかったけれども。おそらく、その〝愛〟の文脈というか、エディプス的な文脈のなかで違った組織化が出来上がったこころは、〝死〟というものを考えるときに、違ったように考えるだろうということはあると思いますけどね。

でも、私たちは〝死〟は体験できないわけだから、〝死〟について考える感じ方が変わるだけなんですよね。〝死〟について考えるときの空想や何かが変わるだけです。誰かについてだとか、何かについての空想は全部、別の組織化をもつこころは違ったように考えるわけだから。だから〝死〟についても、そのふたつのところは、もちろん違ったことを考えるようにはなるでしょうね。

ということは、思弁的には言えるんだけれども、そういうことで答えになっていますか。なっていないのでしょうか。

松木　なっているんではないですか。いやいや。ここは、藤山先生のお答えでとりあえず。

ほかに、ありませんか。

Ｂ　エネルギーをフロイトが持ち込んだことについても、違和感を前提として、こころというものはいくつもの自律的なシステムに分かれていて、お互いに関係したり阻害し合っているという想定が、精神分析の基礎的な人間感だと伺ったときに、視覚的なイメージとして、個というものが、一枚岩のひとつの塊というよりは、学校での学級のようなものというか、クラスのなかに一杯の子どもたちがいるようなものであって、学級としても、まとまりのある学級もあれば、学級崩壊をしている学級もあってというふうにイメージをするものかなと思ったんですが、そのような考え方でいいのでしょうか。

藤山　まあ、そうでしょうね。つまり、それは、ひとりの人間というのが、集団である、グループであるということでしょうね。それぞれの意思やそれぞれの違った作動様式をもった、いろんな実体が動いている、そういう場として、こころを考えているんだと思うんです。学級というと、みんな一応同じ目的のために集っていますけど、こころのなかは、もう、人間がいたり、熊がいたりするぐらい、異質なものがうじゃうじゃいるような、そういうところなんじゃないかと思いますね。

たとえばイドというのは、人間的なもの、パーソナルなものを組織しないようなものとしてフロイトは考えたわけではないですか。自分の身の安全だとか、損得を考えず、ただひたすら良心的なばかりのやつとか、わけのわからないやつがいたりとかするわけですよね。

こころというものが、かなり異質なやつが複数いて交流しているものだというふうに、フロイトは「後期理論」で考えたわけですが、ほかの人たちもこの発想でいろいろ言っている。偽りの自己と本当の自己だの、精神病部分と非精神病部分とか、いろんなことを言っているわけです。違ったさまざまのセグメントがおたがい、自律的、独立的に、かなり違った作動様式で動く。そういう異質なものの集団として人のこころを精神分析は考えたわけです。

「人間は単一でまとまっている」とか、「自分は自分のことをわかっている」だとかという、私たちの常日頃暗黙にもっている妄想に対して、ガツーンと鉄槌を浴びせてくるような、そういう部分が精神分析にはあるということです。

はい、藤山先生の講義はここまでにしたいと思います。どうもありがとうございました。

藤山　どうもありがとうございました。

講義Ⅱ

精神分析空間における愛と死

松木 邦裕

真実への愛

フロイトは〈愛〉について次のように言っています――「分析関係は真実への愛、すなわち現実の認識に基礎を置いており、どのような見せかけや偽りも排除するということを忘れてはならない」〔「終わりある分析と終わりなき分析」一九三七年〕。

分析関係は〝真実への愛〟を基盤にして成立している真正な関係だ、と言っているのです。「精神分析は性愛だけに目を向けている」という見かたに留まっている方もおられるかもしれませんが、性愛もまた、人間の真実のひとつです。フロイトは〝真実への愛〟をもって、人の真実を探究し続けました。

愛に向かって生きる

一般には「愛と憎しみ」とか「愛情と破壊」とか、フロイトが言った「生の本能と死の本能」とか、そういう対立的配置のもとで論じられるのですが、今日のテーマは対立的配置とは云いにくい〝愛と死〟なのです。

「愛と憎しみ」「愛情と破壊」はどちらも、私たちが生きているときにしか体験できないものです。生きていないと「憎しみ」は発生しないのですから。フロイトが「破壊欲動」「死の本能」ということを言いましたけれども、それも、生きていないと体験できないものです。

その一方で、藤山先生の話にありましたように、〝死〟の瞬間とその後は、体験できないものです。〝死〟というのは、「憎しみ」とか「破壊」の跡としては同定できるのでしょうけれども、残骸といいますか、「憎しみ」そのものや「破壊」そのものではありません。その航跡が〝死〟になります。それを考えてみようということで、今回のテーマとして選びました。

人は、若い頃は愛に向かって生きていくのですけれども、老いてはやはり、死に向かわないわけにはいかなくなってしまいます。さきほど藤山先生がおっしゃったように、自分の両親が亡くなってしまうと、死に対する防壁がなくなってしまいます。両親が生きているうちは、両親が〝死〟というものとのあいだに居てくれますが、親が亡くなると緩衝帯は失われ、もう

〝死〟は自分たちのものになってしまうのです。

死に向かおうとする

これが、人生過程での一般的な体験様式なのですが、ところが、精神分析に来られる方のなかには、若い頃から〝死〟に向かおうとする人、〝死〟に親和性の高い人が、少なくありません。また、若い頃から「どこかが死んでいる」と云えそうな人が、精神分析を求めて来られます。これらの出会いこそ、私たちが精神分析臨床で体験する、非常に貴重なものではないかと思います。

このようなわけで私は、精神分析にあるのは「語られるもの」「表わされるもの」としての〝愛〟であり〝死〟であると思います。臨床の場に来られるクライエントの人たちが語るかたちで表わされる〝愛〟や〝死〟というものがありますし、もう一方では（むしろ「それと同時に」と云うほうが適切でしょうが）、その面接のなか、そのセッションの場で表わされる〝愛と死〟というものがあると思います。

私たちの臨床では、クライエントの語りを聴くことが大きな前提であり、必要不可欠な対応ですから、「語られる愛」とか「語られる死」に、どうしても私たちは焦点化しやすいのですが、しかしながら、セッションに実際に一緒にいることに着目するなら、まさにそこで表わされている〝愛〟や〝死〟こそが、より精神分析的なものではないか、と私は思うのです。

精神分析においては「生者も、死者も、愛を求める」のです。おそらく、愛を求めることがまったくできない人は、精神分析には入ってこないのだと思います。精神分析に入ってこない（入ってこられない）人たちがいます。彼らは、愛ではなく、快の耽溺にしがみついている倒錯的な傾向が大きい人たちなのですが、それは、強い不信と快の嗜癖に支配されて、「人の愛を求める」という動きがとれないからではないかと思います。

生者も死者も愛を求める

精神分析は〝愛と死〟が現われる場なのです。

ある女性アナライザンドは、職場の上司とセックスしているという夢を、そのセッションの始まりに報告しました。そして連想では「その上司が私を表わしていると思う」と述べました。

それはまさに、この女性が私たちの分析について、私たちが愛の営みとしての性行為をしているという夢を分析のなかで体験している、と私は理解しました。すなわち、彼女の夢水準の思考では（それは普段は無意識に考えていることですが）、分析は愛の合歓なのだと私は思います。

それから、別のある男性アナライザンドが、分析のなかで「テレビのニュースで有名スポーツ選手が突然死したということを知った」という夢を私に報告しました。そして彼は、その連想で、その選手が私であろうと連想しました。さらに連想を進めましたが、それは私の死であり、すなわち分析の終結を表わしていることが、明らかになりました。

というのは、この分析は、約一年後に終わることが予定されていました。だから、まさに彼が夢で見た、有名スポーツ選手が突然死した、死んでしまったというのは、もうこの時点で、彼にとっては私が死んでいる、分析は終わってしまっている、という体験であったことを表わしていると私は思いました。突然死であったのは、彼には喪失が受け入れられないからでした。私は死んでいくのではなく、死んでいるのでした。

このように分析のなかで夢を使って（あるいは使わなくても）もの語られるわけですが、それはストーリー *story*（物語）ではなくナラティヴ *narrative*、語られる「もの語り」なのです。それは私たちの視覚を強く刺激し、起きていながら夢を見させ、それを体験させせます。

そういう分析のなかで語られる〝愛〟の「もの語り」は、ある意味、限られた性質であるように私には思われます。そこには性愛の色あいがあったり、あるいは母親と乳児の愛情関係の色あいがあったりという、そうした性質に収まるようです。

一方、〝死〟が語られる「もの語り」は、さまざまな性質に描かれるように思います。そうした「もの語り」を、これからいくらか示してみようと思います。

愛の道は険しく…

これからひとつのケースを皆さんに聴いていただこうと思います。

四十代後半の女性でした。あるところでの私の講演を聴かれて、精神分析を求めてやって来られました。既婚女性で、二人の子どもをもつ知的な感じの落ち着いた女性です。

この方は、片道二時間くらいかかるところに住んでおられましたし、経済的なことや時間の都合もありましたので、週一回、カウチを使用しての精神分析的心理療法をおこなっていました。

この女性はカウチに横たわり、セッションが始まるときには、もうほとんど息も絶え絶えな雰囲気になられるのです。カウチに横になったときの姿は、もうほとんど死んでいるかと見紛うような様子でした。それは、本人によって語られているお祖母さんとの子ども時代、お祖母さんから一杯の愛情を向けられて育ったという「もの語り」とは、きわめて対照的な印象を私に与えました。

彼女の話では、愛情を向けられて自分ひとりが大事にされて育ったという「もの語り」だったのですが、でも、分析空間でのこの方の姿と空気はまったく違っていました。ほんとうにもう、絶滅危惧種が絶滅しかかっているような、一羽しか残っていないアホウドリが死にかかっている、なにかそんな感じの、ほんとうに息も絶え絶えの様子でした。

転移は愛に端を発する

そうした分析のなかで、この方が乳児のときの経験がやがて明らかになっていきました。彼女のお父さんは、遠距離の航海の船乗りさんだったのです。ですから当時は、一年（あるいはそれ以上の長い期間）航海を続け、二週間か三週間、家に帰ってきているという生活ぶりでした。ですから、彼女が生まれるときにも、お父さんは遠距離航海に出ており、いなかったのです。そして、母親ひとりが暮らす日々に、彼女が生まれたのです。

ところが、生まれてほとんど間もないある日、離れたところに住む彼女を育てたお祖母さんに、近所の人から「赤ん坊が泣き続けていて、なにか様子がおかしい」という電話が入りました。おそらく片道五、六時間かかるぐらい離れたところに、お祖母さんは住んでおられたのです。

そうして、お祖母さんが駆けつけてみたところ、お母さんは、こころここに在らずの様子で、生まれて間もない赤ん坊の彼女は死んだようにしていたのです。そこでお祖母さんは、お母さんをその地の精神科病院に入院させて、そして、生まれてほとんど間もない赤ん坊の彼女を、遠く離れた自分の家に連れて帰り、育て上げるということをされたことがわかってきたのです。それから、この女性が大学に入学したときにその家を離れるまで、お祖母さんに育てられたということが明らかになってきました。

ですから、彼女が私とのセッションで最初に見せた（そして見せ続けた）「いまにも死んでしまいそうな姿」というのは、まさに、彼女が赤ん坊のときに体験した状況を、私にそのまま示していたということだったと思います。

その状況のなかで彼女は、私との分析が無くなることを非常に恐れました。「私が病気で居なくなってしまうのではないか」ということを非常に恐れました。ですから私は、彼女が恐れているその状況、つまり「病気で居なくなる私」をそのまま受け留めるようにこころがけました。

彼女は、お祖母さんからの強い愛情は語る一方、母親を他人のように感じていると語りました。そして彼女は（その分析のなかで何度か言及したのですが）、それは、彼女が私を初めて知った講演のときに、私が主催者から疎んじられていたと彼女は感じ、それに対して強い憤りを感じていたことを語ったのです。しかし、そうされていながらも、私が毅然としていたとも語りました。私自身は、べつにそんなに疎んじられていたという感じはその場ではしていない研究会だったのですが、彼女にはこんなふうに、その場と私が体験されていたということです。

こころが通うということ

毅然としているというのは、彼女がお祖母さんに抱いていたイメージでしたが、まさに「死にかかっている彼女を救い出したお祖母さん」として私を位置づけられていました。やがて分析プロセスは、母親転移のほうに進むようになりました。彼女は、お祖母さんが持っている愛情すべてを自分に注いでくれたが、彼女は「なにかが欠けている」と感じていたことを、意識化しました。それは、そもそも母親とのあいだで欠落していたものでした。それは、物が与えられることではなく、こころが通うことと認識されていきました。

そうしたなかで彼女は「私といるときに、死んでしまいそうでありながら、彼女のこころの安らぎこそがそれであると感じる」ということを述べたのでした。私が居なくなる不安をさらに高める過程もありましたが、分析セッションに私と居ることが、愛に充たされているときだということを次第に感じ始めました。

ただ、週に一回のセッションでは充足されるものではなく、毎日数通の分厚い手紙を自宅で書き、私に送ってきました。それこそ、便箋で五枚から十五枚ぐらいある手紙が毎日届くのです。そこには「愛を求める思い」が切々と、そして綿々と書き連ねられていました。それは数年、続きました。それから彼女は「自分がようやく〝生きている〟と感じられるようになった」ことを私に伝えて、そして、手紙は書かなくなりました。

私が思うには、転移というのは〝愛〟に端を発するものだと思います。しかし、いまお話ししましたケースに見られるように、その〝愛〟の道は非常に険しいもので、〝死〟が常に迫ってくるのです。程度の差こそあれ、私たちは〝死〟を常に横に置きながら生きていくものではないか、と私は思いました。

死は迫りくる…

次に〝死〟にかかわるケースについて聴いていただこうと思います。

四十代前半の既婚男性が紹介されて、私との分析的な治療を始めるためにやって来ました。この人は私に「死にたい」ということを強く繰り返し訴えました。実際、三回ほど自殺企図をしていました。そして、すでに小学校の頃には「死にたい」と思っていたということも語りました。この方の抱える困難とは、非常に強い絶望感です。救いが無いという感じです。それから、アンヘドニア *anhedonia*（ものごとが楽しめない、心地よいものを心地よいものとして味わえない在り方）の状態、なにをしてもつまらない、楽しくないという感覚でした。

だから、どんな類いの集いに行こうと、彼はもう、そこにいるのが苦痛でたまらない、苦痛でしかないと嘆き憤りました。日常生活のなかでも、食べることその他についても、ちょっとした旅行に行ってもすべてはつまらない、そういう感覚の人でした。

もうひとつの大きな特徴は、自己破壊的な働き方です。彼はものすごい勢いで働くのですが、必ず潰れてしまうのです。それこそ、睡眠もとらないほどに徹底して準備をして、仕事をして、それを繰り返してダウンしてしまいます。端から見ていると、それは自分自身を潰そうとしているようにしか見えないものでした。

それから、発作的に攻撃性が爆発するということもありました。たとえば自転車どうしでぶつかりそうになったら、相手に対してものすごい勢いで怒鳴りつけて、蹴りつけるといった動きをとるのです。

その一方で彼は、十三歳から十六歳ぐらいまでの女子生徒と、(彼が言うには)恋愛を重ねていたというところがありました。彼はその女の子に夢中になり、懸命に思いを分かち合おうとします。しかし、すべての女性は彼から離れていって終わるということを繰り返していました。実際のところ、彼は、性行為ができない人でした。

苦悩と疲弊の彼方に

　そうした彼が、私との分析を始めました。彼が苦しみを重ねて人生を生きてきたことは、私にも感じられました。彼の漂わせる荒んだ空気は、同情を感じるには充分なものでした。ただ、その一方に、強烈に人を拒絶し軽蔑する空気もまた、彼が放散しているものでした。治療の開始のときには、彼も私もどちらにも希望がもてそうな、そんな気持があったように思います。

　彼は、彼の抱く理想的なこと、それは、現在生活している彼が、なんの享楽も満足もない、耐え難い苦痛のなかで、ただ苦悩して疲弊しきっている彼が、ある女性によって救われて、充分に理解され世話されて幸福と安堵を体験するという、そういうことが起こるという期待を抱いていて、その期待を込めて、私と向かいあっていました。

　そして一方、私のほうは、みずからを追い込んで強い疲労と困難と絶望に陥るような在り方を繰り返している不幸な彼の姿を感じていて、また一方で、非常に自己愛的で傲慢な感じを感じさせるところがあったのですが、さらには、他者を全面的に否定する発言もありましたし、不快さは感じていたのです。けれども、彼が苦しみのなかに無意識の希望を抱いてここにいると思ったわけです。

　死んでしまいそうな彼が、深く理解されることへの期待や、なんとか少しでもましな自分になりたいという望みを語るところがあったのですが、それらを感知しながら、困難な道を辿ることは予測しつつ、彼の人生を拓くなにかが生まれるのではないか……という期待を抱いたのです。

死との親密さの実体

彼は基本的に礼儀正しい人で、礼儀正しく現われて、礼儀正しく一応は帰っていきます。ただ、セッションのなかでは、苦しみのなかを生き続け、その彼を誰も理解しようとも助けようともしないと、激しく憤り、ものすごく興奮して、まさに暴れ狂わんとせんばかりの憤怒の形相や態度を見せることは、たびたびというか頻繁にありました。それはまさに「一触即発」という言葉そのままの彼の姿でした。

分析のなかで彼が訴え始めたのは、「私を含めて、誰も彼を理解しようとしない」とのことでした。そして実際、まったく理解していないと主張するのです。嘆くのではなくて、憤然として彼は語ります。私が、彼に関して理解してきたことをベースにいろいろな解釈をしても、それらの解釈に対して「それはまったく理解していない発言だ」としかとらえないのです。私の伝えることは完璧に否定されました。その否定は「とりつく島もない」との表現そのものであり、私に絶望を感じさせるに充分なものでした。

そしてその一方で、私に「誰かと気持が通うようになる方法を教えてほしい」と言うのです。それはまるで幼な子が「お腹がすいた」と泣いて訴えている姿のようであり、しかし、いかなる食物を差し出そうとも「それは違う」と、はなから見ることも手にとることも拒絶している姿のようでした。彼は、誰かと気持が通うようになりたいと訴えるのだけれども、周りにいる誰も、彼を理解しようとはしていないんだと、憤然として言い続けました。

その一方で彼は、どこかに彼のすべてを愛で包み込んでくれる理想的な女性がいるのだということを確信して、求め続けます。そうした分析のなかで、彼はインポテンツであるということを語ったのですが、話を聴いていきますと、じつは、マスターベーションとかをすることは出来ていたのです。彼は性交恐怖だったのです。

彼は、自分は性行為をしたいのだと言うのですが、実際には、性行為をするような場面には一切近づけないし、近づかないということで、彼は、女性性器というのを非常に恐れているということが明らかになりました。しかしながら、それは私が気がつくことで、彼は考えることができないのでした。

彼は生を強く求めていながら、〝生〟の営みができなかったのです。彼の〝死〟との親密さの実体は、〝生〟の恐怖でした。

麻痺　無力　絶望…

彼の語ることから、幼少期がだんだん明らかになってきました。彼には生まれて間もない頃から、小児喘息がありました。そして、お母さんは教育職に就いていて、学校の先生の仕事と社会活動に非常に熱心だったようです。このお母さんは、それまで無かった保育園を立ち上げられたのです。要するに、我が子を預けて仕事と社会活動に勤しむために、保育園を立ち上げられたのです。そして、そこに彼は預けられました。

そうしたなかに彼は育っていったのですが、五歳のときに、お母さんは、自分自身の運転する車がトラックに追突して、即死で亡くなられます。彼は、お父さんと二人だけになってしまいます。この頃の彼は「髪を逆立てている子ども」だったそうです。そして一年後、お父さんは、お父さんの教え子と再婚されます。しかし、彼はその義理のお母さんとはまったくうまくいかなくなり、馴染めないままに生活を送ることになります。

彼が想起したことのひとつに、生母（もともとのお母さん）との関係で、保育園への連絡帳に、お母さんとの関係の質がうかがえる記載があったことを話してくれます。それはどんなことかというと、お母さんが保育園への連絡帳に「この子が寝る前に『お母さん、ごめんなさい』と謝るんだけれども、それはどうしてなんでしょうか」と、お母さんが保育園の先生に尋ねている、という想起なのです。

私は彼の体験にもとづく、いまの彼に切迫している不安、恐怖、絶望感などを解釈してきましたが、そのたびに彼は、私にはまったく理解されていないと主張し、私を強く非難しました。彼からのそういう反応が繰り返されるなかで、私は麻痺して、無力と絶望と、それゆえに彼への憎しみを、私のなかで味わうことになりました。

もちろん、精神分析セッションですから、これらの逆転移を吟味して、転移と重ねて再検討したうえで、私なりにまた新たな理解を生み出して解釈していくのですが、それも彼は繰り返し拒絶しました。彼は精神分析にやっては来るわけですが、私との関係では、情緒的に深まることも、なにか新たな意味を生み出すことも、まったくありませんでした。少なくとも彼は、そのように主張し続けました。それから、いつか理想的な女性が現われて、彼を包み込んでくれ、安らぎを得るという、それだが唯一の救いとして求めることなのだと、彼は主張し続けました。

こうした状況で、私のなかでは「彼との分析は不毛である」という感覚は、とても深刻なものとなっていきました。

分析は、この方とは最初、週一回から始めて、週二回になって、週四回に移行したのですが、その治療の六年目に入ったあるとき（週四回の精神分析セッションを続けていたとき）に彼は、催眠療法を始めると私に伝えてきました。その治療の四ヵ月間は、私との治療を休みたいと言いました。じつは、その前の月に、私の仕事の都合からセッションを週三回の頻度に減らす申し入れを私からしていたのです。そのときには、彼は「週三回でいいです」と受け入れたのですが、この件で、私から放り出された感触を彼が高めたのは間違いなく、その反応としての行動化が、催眠療法を始めるという選択でした。

私はここで精神分析の原則に立ち返り、行動化を抑止することを試みました。彼に「分析治療を四ヵ月休むことはできない、催眠療法を彼が選択することは私の治療を終わることになる」と告げました。彼はすでにお金を払い込んでいることを語り、催眠療法を受けることを選択しました。私との治療はそれから二、三回、会って終わりました。別れるときの彼は、ひどく淋しげでした（じつはそれから三年以上を経て、彼は私に会いに来ました。しかしその後については、本日の主題から離れますので、今日は触れることは致しません）。

私のなかには、彼との分析がまったく不毛に終わったという強い感覚を残すことになりました。終わったあと、私はこの治療について、繰り返し、繰り返し、自分のなかで振り返りました。その過程で、彼の人生を再構成してみました。

死をなだめ　愛を求める

おそらく幼い彼は、自分がいること、自分が生きていることと「母親の愛」を求めることが、仕事と社会活動に生きていたと思われる母親の重荷になり困らせている悪い子であると感じていたのだと思います。その彼に突然生じた「母親の死」は、おそらく、彼には多重の意味をもつ決定的な破局だったのでしょう。父親と二人だけの一年を五歳児の彼は、髪を逆立てて生きていました。それは、なにかを絶望的に必死で求めている姿のようです。他方、父親は既知の若い女性との恋愛の末、再婚しました。父親は心身ともに生き延びましたが、幼い彼は、身体は生き延びましたが、こころは死んだようです。

母親の死は彼にとっては喪失ではなく、懲罰的な遮断であり、求めても得られない「愛なき死に満ちた世界」の住民に彼を定住させたようです。彼は「生きている死者」でした。その後、彼は、内的な死の状態からの回復を求めて、彼を自己犠牲的な献身で生き返らせる理想的な母親対象を思い描き、その愛あるつながりを希求しては、転倒し泥まみれの自分に苦しむことを繰り返しました。それは、繰り返し迫りくる死をなだめ、愛を絶望的に求める姿でした。

私が理解できていなかったのは、彼が「死んでいるのだ」ということでした。彼が「死にかかっている」あるいは「死にそうな気持にある」とはとらえていましたが、「もう死んでいるのだ」という理解には至りませんでした。ですから、私は死の淵にいて生きようとする彼に話しかけていました。死んでいる彼に話しかけることはできませんでした。

実際、彼は「誰もまったく自分を理解しない」と主張し続けました。彼が唯一おたがいが理解し合えたと感じたのは、自殺を企てたが死ねなかった女性と半日を過ごしたときでした。また、彼が若々しい女の子に夢中になっていたのは、それが、生きる力を得る唯一の方法だったからでしょう。

三年後に彼がやって来たときに、私は死んでいる彼に話しかけました。そこでは、彼が生き返ろうとするのではなく、死んだ彼として社会で過ごしていくように促しました。

死んでいる自分の感覚

振り返ってみますと、私の理解を抑止していたのは、私の逆転移であったと思います。そのひとつは、自己分析を含めて、私には「死にたい気持」については理解するすべをもっている」という感覚がありました。ですから私は、彼に「死にたい気持」を見出し、それを扱おうとしたのでした。

もうひとつは、私のなかにある「死んでいる自分」という感覚を認知してはいても、その吟味がなかったことでした。

――幼稚園の頃かと思いますが、私は、子どもの頃は痩せてひょろひょろしていたんです。また兄弟と違って、幼稚園までにいろいろ病気もしていました。あるとき父親から『おまえみたいなやつは、昔だったらとっくに死んでいる』と言われたんです。父親は医者なものですから、しかも私は幼稚園児ですから、医者はなんでも知っていると勘違いしていましたから、ものすごいインパクトがあって、「そうか……ほんとうは死んでいるんだ」と思ったんです。そういうところにも気がつくことになりました。

私たちはいまも、生きているとともに死んでいる、死んだ自分も含めて生きているのだと思います。生きていながら、死んだ自己がはるかに大きい人たち（この彼がそうだと思うのですが）、そのような人たちと私たちが理解し関わることは、たいへん困難ですが、その道を探すことには意義があると思います。

生きているということを受け入れる

フロイトは、人生において何が大事かと問われたときに「働くことと愛すること」と答えています。尋ねた記者のほうは、もうすこしエキセントリックな応答をフロイトに期待していたのですが、フロイトはあまりに常識的に、まっとうに、「働くことと愛すること」と言いました。これは、フロイトが奇を衒う人ではなく、人生を真摯に考える人であったことを伝えていると思います。

〝愛〟について考えますと、〝愛〟には「性愛」と、乳幼児がもつお母さんへの愛のような「親密な人への愛」と、フロイトが精神分析の基盤にあると考えた「真実への愛」というものがあると思います。「性愛」については、今日さきほど、藤山先生がずいぶん深く話してくださったと思います。

私が思うには、〝愛〟というのは、結局のところ、「生きているということを受け入れる」ということではないかと思います。それは、自分の生きているということを受け入れることだし、人が生きているということを受け入れることです。

ですから、憎しみもやはり、生きていることを受け入れているところから発生しています。やはり、愛がないことには憎しみも浮かび上がらないと思います。

愛に包まれて死のある空間

「精神分析事典」で〝愛〟について書かれているところを引っ張り出してみましょう――「『精神分析事典』が問題とするのは、愛の発現が性的発達に準拠しているという洞察である」。次の文が続きます――「フロイトの考えでは、愛することは、愛されることに勝る。しかし、愛すると言いながら、無意識に愛されることを求めていることが多い」「この『愛される』というのを『甘える』に置き換えると、それがよく理解できる」。

さて、ここからが筆者の主張です――「甘えを排する者は愛を育てず、愛に拒否的となる」。つまり、こうした「甘え」(言い換えれば「愛される」ということ)の体験が〝愛〟の本質にあるのであって、その「愛される」という体験を受けられない者は、愛を育てず、愛に拒否的となるのだと書かれています。

　これは土居健郎先生が書かれたものです。土居先生は〝愛〟について「愛されることから始まる」と書いておられるのだと、私は理解しました。フロイトが、先ほど示したように、人生とは「働くことと愛すること」と表現したわけですが、それがひとつの確かなことであるとしても、また、土居先生がここで言っている、「愛されること」に始まるということも、確かなことではないかと私は思います。

　〝愛〟は、初めにそれに包まれることによって、私たちはそれを知るのでしょう。


「メメント・モリ *Memnto mori*」という言葉があります。ラテン語ですが、「死を想え」とか「死を忘れるな」という意味あいの言葉です。大震災があったり大きな事故があったりすると、私たちは〝死〟を思い出すわけですが、言い換えれば〝死〟というものは、つい忘れられてしまう（あるいは、忘れたいものになる）のだという、私たちのこころの事実への警句なのでしょう。

　しかしながら、私たちのように精神分析の臨床を実践していますと、精神分析空間のなかには、不断に〝死〟はありますし、死者はいるのです。それは、そのクライエント自身かもしれませんし、クライエントの内的な誰かかもしれません。あるいは私たちでしょう。いずれにしても、精神分析の場は、本来は〝愛〟の世界であるかもしれませんけれども、同時に、そこには〝死〟があり死者がいるという世界であると想います。

そして、皆さんが臨床的に経験し、実感されていることだと思いますが、クライエントが口にする「死んでしまう」、あるいは「死にそうだ」、あるいは「死にたい」という、その〝死〟にかかわることこそ、私たちが分析のなかで二人で見つめる非常に大事なものなのではないかと、私は思います。

どうもありがとうございました。

討論

藤山　どうもありがとうございました。討論に入りたいと思います。

藤山　さっきの男の人のケースですが……、彼はもう結婚していたわけですよね？

松木　はい。

藤山　結婚生活でも、ぜんぜんセックスはできないのですか。子どももいない？

松木　ぜんぜん……十年以上は結婚していましたけれども、まったく性行為ができないままだったんです。

藤山　それでも奥さんは結婚を維持していたのですが、これはなにか不思議な気がするんだけれども……、なにか、魅力のある人なんですか？

松木　それなりの魅力は感じられたのかもしれませんが……。じつはこの奥さんも、両親を早いうちに亡くした人で、若い頃に一度、自殺企図をした人なんです。そういう、自殺企図をして、その後、精神科病院に入院されたときに、気持が大きく切り替わったみたいなんです。それからは「生きていこう」という考え方になられた方のようです。それまでは、かなり苦しかったみたいです。だから、おそらく、ある種の希望を自分のパートナーに持っておられるところがあったんだと思います。

藤山　先生のお話だと、〝死〟とか〝死者〟が分析空間に現われてくるということですよね？

松木　はい。

藤山　それは、二人のあいだのある種の雰囲気とか、そういうもののあいだに〝死〟が立ち込めるみたいなことをおっしゃっている。

松木　そうです。ですから、私たちのほうが、治療者のほうが〝死〟を担う側にもなり得るということですよね。先ほどお話しした、男性の夢で「有名スポーツ選手が突然死したというニュースがあった」という、そこにおいては、私が〝死〟を担っていたのです。

藤山　分析の〈不毛性〉という事態が、その〝死〟ということなんですかね？

松木　そうですね。〝死〟が私に担われたりクライエントに担われたりするのではなくて、分析体験そのものが生のなかの〝死〟を現実化しているという状況になっているのかもしれないと思います。

藤山　だからそのケースは、六年間やったけれども、ほとんど何かが生み出されなかったということだと感じられたわけです。先生の考えでは、それは、先生が逆転移というか、先生もまた子どもの頃、死ぬということを巡るそれに会ったということで、盲点になったという。

松木　そうですね。

藤山　そういうことではないかというふうに。

松木　私は、自分が「死んでいる自分として生きている」ということを考えきれていなかったのですね。考えきれていなかったから、彼がそういう生き方をしているということも考えられなかったんだろうと思いました。

藤山　そこで、彼が、死んでいる彼としてずっと生きていくしかなかったんだという解釈に踏み込まれれば、変わったかもしれない。

松木　かもしれないと思いました。というのは、彼は、その三年後に私のところに来たんです。もう一度、治療を受けたいと思って来たと思いますけれども、はっきり治療を受けたいとは言いませんでした。彼が連絡してきたときに、私は「まず会ってみよう」と思って会ったわけですが、そうすると、本人は前より苦しいと言いますが、じつは変わっていたんです。

パートタイムですけれども、ちゃんと働けるようになっていて、前みたいな衝動的な暴力行為みたいなものもしなくなっていて、自殺企図なんかもちろんしなくなっていました。要するに、そういう発言は彼自身していませんが、より自然な感じで生活して生き続けようという気分になっていたようなんです。

でも、もう一方では、やっぱり何らかの治療によって自分が全部から解放されるようになれるのではないか、との思いもありましたが。

藤山　すべてを包んでくれるお母さんというものは、まだ思っていたのですか。

松木　まだ思っていたのですが、それが、前みたいな理想にしがみつこうとするような在り方ではなくて、そうした女性が自分に手に入ることはないけれども、そういう女性を思うことで、生きていくという在り方を受け入れるようになったようでした。

藤山　それを思っているということで、まあ、生きていく感じで……。

松木　はい。だから、私は、彼に「もうあなたは治療をやめて、生活しなさい」と伝えました。

藤山　働きなさいと。

松木　はい。働きましょうと。働いて過ごしなさいと。彼は、大学の頃から〝死〟と〝愛〟を揺れ動く苦悩を生き続け、もう二十年以上そういうかたちで、いろんなところに治療を求めて行っていた人なんです。だから、そのアイデンティティを放棄して、生活しなさいという旨を言いました。それでも、私に会いたいと言うので、月一回ぐらい、何回か会いましたけれども、もう治療はやめたほうがよいということを彼に伝えていました。やがて正規雇用の仕事を見つけて、奥さんも一緒に、他所に移っていきました。

藤山　うーん、なるほど。やっぱり、その六年間の仕事は、なにかをもたらしてはいたということですね。

松木　そうかもしれないなと思いました。ただ、実感としては、私がいままで会った人のなかで、これほどまでにずっと〈不毛〉を強力に感じさせ続けた人はいないですね。

藤山　(笑)。不毛とか、心的な〝死〟を二人で生き続けた時間が六年あったということは、なにかいろいろあったのかもしれないと思いますけどね。

discussion

ここまで二人で討論していましたが、フロアの皆さんから、話したいことか聞きたいことはないでしょうか。

C　精神科開業医で、普通の精神料をやっている者です。松木先生の講義のタイトルに「分析空間」という言葉があり、アナリストとアナライザンドの「一対一」という印象を強く受けるわけです。そこで疑問が浮かぶのですが、たとえば「集団精神分析は不可能か?」とか、「社交不安症の治療は困難ではないか?」とか「社会性の回復というのに一対一というのは難しいのではないか?」というような……。

松木　はい、ありがとうございます。二人だけで会い続ける、その空間を体験し続けるのが、精神分析だと私は思っています。ただ、「集団精神療法」というのがあるのはご存じではないかと思いますけれども、精神分析家であり集団精神療法家であるという立場の臨床家は、日本にはほとんどいません。相田信男先生は数少ないそのうちのお一人です。外国にはある程度数おられるんです。ということで、「集団精神療法」というかたちで分析的なアプローチをされている方たちはおられます。

ただ、お話ししている「集団精神療法」は、集団そのものをひとつのパーソナリティのように扱うものなんです。ですから、その集団を構成している個々の人に治療的に働きかけるものではないんです。集団そのものが、どういうパーソナリティとしてどういう展開をしていくかという、そこにアプローチするものなので、おそらく一般の精神科臨床で考えられる、個々人の病状を改善する目的で実践するという発想はないものとして実際には営まれていると思います。

それから、「閉所にいることができない人を精神分析はどうするのか」ということをお尋ねになったんだと思います。昔から、精神分析では、そういう閉所恐怖の人たちも当然治療の対象になっているんです。フロイトが言ったように、恐怖症は分析治療の対象疾患ですから。最初からそういう場面が難しい方は、少し時間をかけて分析の設定に入っていただかないといけないと思うんです。フロイトがウルフマンを精神分析に導入するまでに一年ほどをかけていますが、そうした導入の期間が必要なケースもあります。

精神分析の考え方には、閉所恐怖と広場恐怖は裏表みたいなものであるとの認識があります。そういう恐怖の感覚は、分析セッションのなかで、どこかで、どんな人でも起こってくるものだという考え方もあるんです。そうした視点からも、臨床的な診断として社交性障害、閉所恐怖とされている方たち、あるいは、閉所での不安発作を起こされる方たちがおられるとしても、精神分析的診断のもとに、精神分析的な治療に導入できる人たちは少なくないと、私は考えています。

C　ありがとうございます。

藤山　ほかに、どなたか……ああ、どうぞ。

D　藤山先生は〝死〟というものを、絶対的な現実というところから語っておられる感じがあります。だから、〝死〟というものにいろいろ意味づけたり、物語化したりというふうなところを、粉砕するようなご発表という感じがしておりました。

僕は、飲み会とかで若い女の人に、結婚へのあこがれというものを粉砕するんですけど。

藤山　(笑)

D　それはやはり、自分が結婚というものを体験したからそう思うんです。絶対的な事実だけがやってくるという感じが、結婚というものにあるんです。そう考えたときに、僕は、藤山先生は、もはや死んでいるんじゃないかという感じがしたのです。

藤山　(笑)

D　そういう「死んでいるところ」から先生は語っているんじゃないか？　ということです。先生のこころのなかの〝死〟のパートから語った語りなんじゃないか？　という気がしたんです。

精神分析というものが〝死〟と関連するというふうに藤山先生がおっしゃったんですが、それって、どういうことなのかなあ……　なにかすごく超現実的にそういう感覚があるんだろうか……　というふうな感じがしたんです。

僕は、もっと何か、いろいろ意味づけをしたり、ごまかしたり、妄想したり、バカを見たりという、そこにやっぱり人間的なものがあるんじゃないかな……という感じがしているので、ちょっとその辺をお聞きしたいということです。

あと、松木先生は、なにか〝死〟というものを、「生きていない」ということとして語られたのかなあという……「ノット・アライヴネス *not aliveness*」ということで、先生は語っておられるのかなあという気がしたんです。「心理的に死んでいる状態」と「心理的に生きていない」という状態は、イコールなんだろうか？　ということを質問したく思います。

藤山　私は「死というのは人間に体験できないものだ」というところからスタートして、その体験できないものを、心理的に練り上げるのは、ごまかすとか、ロマンとかいうものは、人間にできるせめてものことなんだというふうに言っているつもりなんです。

D　ああ、そうですか。

藤山　はい、そういうつもりなんですね。

松木　実際の分析的なやりとりというか、分析空間のなかで、〝死〟の物語がクライエントから表わされると思うんです。それは、言い換えれば、そのクライエント独自の〝死〟にまつわるファンタジーがあると思います。それは、「ノット・アライヴネス」という表現が妥当なのかというのは、私ははっきりしないのですが、言葉にすれば「ノット・アライヴネス」であるときも「デッドネス *deadness*」であるときも、「デッド *dead*」「ダイイング *dying*」であるときもあると思います。ただ、生きている人がそれを語っているということであるのは確かです。

ですから、設定が成されている精神分析の非常に独自なところは、それが単に語られるだけではなくて、そのままそこにおいて展開するということだと思うんです。アクチュアライゼーション *actualizaion*、実現化するということなんだと思うんです。

藤山先生とのやりとりでも言いましたように、その面接室のなかのどちらかが死者になったり、どちらかが死にかかっていたり、死んでしまったりするという、そういうアクチュアライゼーションが起こるということが、体験を共有しながら理解をなすところでの大きなポイントではないかなと思っています。

D　そこのところ、藤山先生は「体験できない」ということを語っておられて、松木先生は「死を体験する」というケースを出されてきているというのがあって、皆さんは混乱されていないのかなと思ったんですけど。

松木　混乱されてもよろしいのではないでしょうか。

D　ああ、そうでございますか。はいはい、わかりました。すみません。

藤山　だから、〝死〟を体験するというか、自分が死んでいるかのようにというか、「この場が死んでいるかのように」というふうには体験できると思いますけどね。だけど、それはやっぱり〝死〟を体験しているということとは現実には違っているわけです。フロイトが「死の本能」として持ち込んだものとか、「後期理論」「不安理論」として持ち込んだ〝死〟についての概念化は、やはり「死への恐怖」とか、死へのなにか恐れみたいなものを体験できる人間というところからスタートしていると僕は思っている、ということを言ったつもりです。それを、練り上げて、もちろんロマンにしてもいいということですね。

D　だから〝死〟から派生したものは体験できるということですね。

藤山　ええ、そうです。

松木　客観的な〝死〟そのものは体験できないですよね。ただ、その人が思う〝死〟というのは体験できますね。

藤山　うん、そうです。

松木　セッションのなかで、それが展開しますよね。

藤山　そうですね。〝死〟に対する空想がここに動いているということなんですね。

D　はい、ありがとうございます。混乱したままですけど。

松木　(笑)お昼ご飯を食べたら消化できるかもしれない。

D　ええ、そうですね。はい。

ということで、定刻となったようなので、皆さん、未消化のまま、昼ご飯を消化してください。

In Retrospect　ふりかえり

松木 邦裕

「愛は私たちと両親とのあいだにあり、死は両親の後ろに置かれている」――この日、閉会後に藤山先生と別れたあと、私のこころに浮かんだことばでした。そしてこれは、両親の死後しばらく時を経て、私が実感したことでもありました。この日は、藤山先生は御尊父を亡くされ、まだ日も浅かったのです。〝死〟はとても重いテーマであったに違いありません。表には出されずとも、深い喪のこころだったのです。それにもかかわらず、〝死〟そして〝愛〟を語り通されたのでした。

私たちの背後から距離を詰めてくる〝死〟とのあいだに両親はいてくれています。それによって私たちは、〝死〟とは確実に距離を保つことができ、脅かされることなく普段の日々を送っているのです。しかし、いずれやってくる両親の死は、私たちと〝死〟のあいだをなにも隔てるものがない直《じか》のつながりに置きます。次は、私たちなのです。私たちは〝死〟と向かい合わねばなりませんし、〝死〟を受け入れねばなりません。その作業を為していくのは、両親からの〝愛〟による庇護のもとに生きた日々に支えられながらなのでしょう。

愛と死を考える

私の知るかぎりでは、〝愛と死〟というテーマで精神分析セミナーが持たれたことは、これまでなかったように思います。しかしながら、精神分析が提示した「生」と「死」という二大本能の情緒的な実体は、愛すること／愛されることであり、死ぬ・死んでいると感じることだと思われます。そうであるなら、愛と死は日常生活の何処かで、考えられ語られる必要のあるものなのでしょう。

その一方で、〝愛〟も〝死〟も日常的には考えられないものでもあることも、私たちが知るところのように思えます。なぜなら、愛は空気のようなものであり、愛に充たされているとき、愛に囲まれているときには、大抵それを意識しないものだからです。他方、藤山先生が強調しているように、死はその実体を知ることができないからです。

そのように考えられないものでありながらも、両者とも衝迫的に私たちをそれらについて考えないではおれないところに追い込みもします。〝愛〟は空気のように、その欠乏を

「致死的なこと」として切実に体験させますし、〝死〟はただ「未知の無」への畏怖を感じさせるからです。そうであるからこそ、今回の講義で私が臨床ヴィネットを通して示したように、どちらもが優れて精神分析場面での主題になるのです。なぜなら、「愛の欠乏」や「死への畏怖」は、私たちが抱えている生きづらさの根源にありますし、それを感知しないではおれない人たちがその苦悩を抱えて私たちに会いに来るからです。彼らの苦悩の深淵に届くことができるよう、備えておかねばならないでしょう。ゆえに、その彼女、彼に向かい合う私たちは、真摯に〝愛と死〟を考えようとしなければならないのだと、私は思います。

考えられないものを考える。そこに、私たちが挑まなければならない領域があるのです。

精神分析臨床のなかの愛と死

ここでもう一度、私が提示した事例を再考してみます。

母親の精神病急性発症によって出生直後に放置され愛の飢餓に置かれていた女性は、生き物における必然として、その間に「死んでしまう」との感情を体験し、圧倒され脅かされていたにちがいありません。実際のところは、彼女の生命は祖母によって救われましたし、その後、愛情も豊かに注がれました。

しかし、表面上は恵まれて育った彼女が、内側のどこかで知っていたのは、「彼女のこころが死んでいる」ようであること、「生気を取り戻すには母親からの愛情が必要」なことでした。

彼女は無意識にそれを求めて諸種の研修会に参加してきたようでしたが、そのひとつで私に出会いました。初対面で彼女に強く印象づけられた、逆境に独り置かれている私の姿は、彼女を出産する前後の母親の在り方と同じに受け止められたものであり、私との精神分析セッションでは、カウチに横たわる彼女は死んでしまう赤児の彼女でした。

死んでしまう乳児の彼女が、母親からの愛を実感するには時間が必要でした。そこでは、転移的に私が、彼女を救い出し育てた祖母から母親に変わるための時間が必要でしたし、母親としての私とともにいて愛を実感して安らぐ充分な時間が必要でした。

この分析プロセスには、大量の手紙で愛の希求とその満足とが告げられるという「愛情の嵐」は吹き荒れましたが、「憎悪の嵐」は吹きませんでした。そこには、彼女が「死んでしまう」という感情を真に内側に持っていたことが関与していたのかもしれないと、いま私は思います。死ぬことを圧倒的に経験した人は、必然的に「静寂」を知るのかもしれません。

五歳で突然母親を失った男性では、彼のこころに憎悪の嵐が吹き荒れており、それはアンチ－ヒューマンの形をとり、私との分析過程で、その嵐は止むことなく吹き荒れ続けました。それは、自分が死んでしまうことへの激しい抗議であり、助けてくれない人たちへの強烈な怒りと憎悪だったのでしょう。

彼は、私が彼のこころに触れることを一切拒絶しました。それは「拒否」ではなく、絶対的な「拒絶」でした。それは、私が彼を「私たちと同じ生きている人、生きて希望を抱いている人」として扱っていることへの、断固とした抗議だったのでしょう。彼は「死んでしまう」との感情を内包しているのではなく、「死んでいる生きた人」でした。分析過程において私は、押し潰されそうなほどに「絶望」と「無力」と「不毛」を感じましたが、これらとて、生きている私における感覚だったのです。詰まるところ、私には彼が「死んでいる生きた人」であることが認められていませんでした。「死ななければならなかったことの憎しみ」が彼にあることを理解できていませんでした。

中断の約三年後に彼は私のもとに現われました。興味深いことに、「死んでいる生きた人」としての彼にかかわる私とのあいだに、ふとしたときに「静寂」が彼から生まれました。彼のなかでは「憎悪の嵐」が勢いを弱めていたのです。愛の飢餓、生の飢餓に持ちこたえることができ始めたようでした。彼は「死んでいる生きた人」であることを受け入れ始めていたように思えました。

私は、「生き続けてはいても、生き返れてはいない」人がいることを、彼から学べたように思います。

ふたたび　愛について

藤山先生は「精神分析はもともと『愛の学問』です」と語られました。それからフロイトの発言として「基本的には〝愛〟というものが、精神分析のなかでいちばん重要なファンクション」であるとも述べられました。そのとおりだと思います。フロイトはリビドーという用語で、乳幼児、そして大人における愛の変遷を追究しました。フロイトが見出したように、人は「愛に生きるゆえに、それに苦しむ」のです。

それでは、その愛とは、性愛なのでしょうか。私はそのとおりに思います。愛とは性愛です。広義の性愛です。そしてそれは、〝死〟までも包含していると私は思います。

この点は、ウィニコットを引用して「beingが愛によって粉砕される」との見解を肯定されている藤山先生とは意見が異なるところのようです。〝愛〟は生きているものにしか体験できません。そうした生きているものであることと、性、その感情体験である性愛は不可分であると私は思います。

かつてフロイトは、あらゆるものを性欲に結びつける汎性論者だと言われました。正確に言えば、不道徳であると非難されました。たしかにフロイトは、愛を異性愛と同性愛の二種と見ていたようです。つまり、愛は性愛であることです。ただ、安易に思いつかれるだろう身体接触に表出される狭義の性欲と、愛の本質である広義の性愛を混同する必要はまったくありません。

〝愛〟は高貴である必要もなければ、下世話である必要もないでしょう。being であることは、loving なのです。人間の達成のひとつは、ポジティヴにもネガティヴにも、性愛の質をきわめて多様なものにできたことなのかもしれません。なぜそれを成したのか？おそらくそれは、人が死滅にいたらず、生き延びるためなのでしょう。

ふたたび　死について

藤山先生は、「死ぬという体験は持てない」ことを述べられました。たしかに、そのとおりです。それから「すべての『愛』や『憎しみ』は心理現象である一方、『死』は心理現象ではない」とも述べられました。それも、そのとおりだと思います。そして、そこからが私たちの違いかもしれません。

〝死〟が心理現象ではないからこそ、私たちは死をこころに収めようと、死を思考化することによってコントロール可能な心的現象にしようとするのではないか、と私は思います。それは、死を包含して愛に生きようとする生き物としての私たちに発生する必然的な衝迫である、と私は考えます。

こうして〝死〟は常にこころの何処かに在るものになるのです。こころに置かれる〝死〟は、「死んでしまう」「死んでいる」「死んだ」「死にそうだ」「殺される」「殺された」などと、幾つかの異なる形態をとるようです。私たちが精神分析臨床で出会うのは、これらの死です。それは、内的な自己や対象の死であり、瀕死です。その人にとっての真の体験です。それは意識的なものであるとともに、無意識的なものでもあります。

患者／クライエントにおける、いわゆるサイコロジカル・マインドの在・不在を知ることができる判断材料のひとつは、これらの「死の想い」を意識的に味わうことができるか否かに依拠していると思います。〝死〟を豊かに、あるいは自由に想えることが、「愛を想う」ことに及びます。心的体験の実在を感知し、そこに生きることができているのです。

それは、死に耽溺することとはまったく異なります。「死への耽溺」は、死を想えず、激しい興奮を伴う倒錯的な生を得ようとする瀕死の行為に走り込むしかできない姿です。

みずからに死をもたらす「自殺」には、それに向かう二つのベクトルがあるように思います。

ひとつは「死にたい」という〝死〟に向かうベクトルです。そこでは〝死〟は何らかのかたちで理想化されています。ある種、彼岸のようにとらえられているのです。この地がその人には限度を越えて苦痛過ぎるのです。その背景には迫害感が控えていますが、時として、意識されるにはいささか遠いものです。しかし、死にも、死の向こうにも、彼岸は存在しません。

もうひとつは「死ぬしかない」という〝死〟に向かうベクトルです。ここでは、基本的に彼岸は想定されていません。背景には絶望と諦念があります。その諦念がなにを背後に置いているのかは、個々のこころによるのです。

私が思うに、自殺は良いとか悪いとかいう問題ではありません。それは、人間がみずからによって引き起こせる行為のひとつなのですから。ただ自殺は、個人の死の実現であると同時に、その人が生きていた人間集団への強力な情緒的攪乱です。つまり、その死は必然的に、他者の生のなかに居場所を占め、生を脅かすのです。

藤山先生から発せられたことばに、私のこころは揺さぶられました。それは、ここまで私が述べてきたことに映しだされていますし、今日まで続いています。おそらく、参加されていた皆さんもそうであったに違いありません。そして、読者の皆さんも、ここまで読まれるあいだに、この希有な時を分かち合われたのではないかと思います。

こころの臨床は〝愛と死〟を想うことに始まり、そしてその終わりはないのでしょう。

藤山 直樹

いま、一年あまり前の《精神分析スタディDAY》のことを思い出すと、父親の死の記憶、そしてその一週間まえの、私のスーパーバイザーだった狩野力八郎先生の死の記憶とが、どうしても思い出されてきます。このセミナーは、そうした私にとって重要な人物の死によって、人の〝死〟がもたらすインパクトにさらされていた時期にもたれたもので、とても思い出深いものがあります。

そのためもあってか、私はこの講義で〝死〟の「体験的手ごたえ」というものを話題にすることにこだわっています。それは、自分が当然〝死〟というものそのものを体験しておらず、父親が、そして狩野先生が、体験したことがなにひとつわからないし、その身になれないということに、きわめて意識的にならざるを得なかった、まさにその時期にこのセミナーが開かれたことが関係しているのだと思います。

いまふりかえると、私が当時、自分が〝愛〟についてなにかを話したいと思っていたようには思えません。したがって、「愛によってこころの構造化がなされる」こと、「その基礎に人間の生物としての部分からくるものとしてのトリープが存在する」こと、「このフロイトによってなされた基礎的想定は、古典理論を貫く軸である」こと、私の講義の前半はただこれらのことを話したにすぎません。ただ重要なのは、〝愛〟が主観的な心理的体験であり、その「体験」という、現実的に精神分析のなかで私たちの主観を通して得られるものにもとづいて、こうした理論がつくりあげられたということです。私は〝愛〟についてはほとんどこのようなことしか語れませんでした。

ただ、おそらく〝愛〟というものがこころを組織化すると同時に、こころを断片化する力をもっていることに触れたことは、おそらく松木先生とは違った論点であったかもしれません。

一方、〝死〟は心理的体験としての質も量ももっていません。私たちは〝死〟という体験をもちえません。そして、もちえないからこそ、それは不可知の謎です。幼いときから私たちは誰かの死に出会うたびに、死んだ人とは二度と会えないこと、死んだ人がいなくなることを知ります。棺のなかの動かない死者のからだを見ます。それは人間であると同時に、圧倒的な「もの」の感触を帯びています。そのからだが焼かれること、白い骨になったところを見ます。〝死〟は絶えずこころにとって大きな関心事ですし、謎であり、不可逆であり、消滅であるということを根拠に、恐れられます。フロイトは〝愛〟の理論としての精神分析を作り上げたあと、この〝死〟の問題をどのように扱えばよいのか、苦しんだように見えます。

〝死〟は絶えず、考えられています。しかし〝死〟そのものは永久に謎です。それについて考えた「死の欲動」についての理論を、フロイトは自分で思弁的であると語っています。〝死〟はどうしても思弁で埋めない限り近づけないものなのかもしれません。

〝愛と死〟とのこの相違、片方は心理的体験であり、片方は心理的体験でないということ。そして同時に、いずれについてもこころが絶えず関心を寄せ、考えようとしていること。激しい差異と共通性とが〝愛〟と〝死〟にはまとわりついています。

私はこの差異の部分に強調を置いてこの講義をおこなったように思います。人が自身の〝死〟や死んでいること *deadness* について考え、思うことは、現実の体験を欠く、ひとつの絵空事である部分を免れないのだろうと思います。それが単にそれだけのものであること、つまり、どれほど〝死〟や死んでいることを明確に思考にしたとしても、「愛すること・愛していることを思考すること」とは、具体性やリアリティにおいて原理的な隔たりがあることは認識しておかなければなりません。愛を思うとき、林檎や蜻蛉を思うようには思えないと思いますが、かなり近いところまで具体的にかつ情緒をもって考えることができます。それは、自分が幼い頃から誰かを愛したり、愛されたりしたときの、独特の質の情緒体験が、〝愛〟という観念をこころが思考するたびに掻き立てられるからです。ところが、〝死〟は、ただ怖い、わからない、というかたちでしか考えられません。記憶のなかに「自分が死ぬ」という具体的体験がないせいです。

したがって、人があたかも具体的に死を知っているかのように語るとき、たとえば、死んだら○○になる、というようなことを言い、そこからさらに思考や意図を発展させようとしているとき、人はかなり現実的ではないのだろうと思います。たとえば、自分が心的に「死んでいる」と体験している人は、死んだこともないのに、「死んでいる」ことがどんなことだか知っているつもりになっている人である可能性があるのです。

このセミナーで私は、実践のなかで死をどう扱うのか、ということに踏み込むことができませんでした。いま、その欠けた部分を補うなら、〝死〟にまつわる患者の主観的体験、死の恐怖、死へのあこがれ、すでに（心的に）死んでいるという感覚といった臨床事実が、

「死をどのようなものか、少なくとも部分的には知っている」と患者が考えていることを前提としていることを認識することこそ、私たちの課題になるだろうと思います。

もちろん、そうした「非現実さ」をすぐに患者に突き付けるようなことに意味があるとは思いません。しかし、そこを一方で絶えず認識していること、つまり「患者が私たちと同様に〝死〟を知らないのだ」ということにもとづいてそこにいることは、〝死〟にまつわる患者の主観的体験の深みと広がりと強さとを安全に探究し、ともに味わうことの基礎になるのだろうと思います。

******　******　******

一年たっていま思うことは、私が父親と狩野先生の死をこころのなかで充分に味わうことに、《精神分析スタディＤＡＹ》でなにかを考えて話そうと努めたことがたいへん役立った、ということです。

父親は一年たって墓に納骨され、その死はある種の過去になりました。狩野先生のされていた仕事の大きな部分をいま私は引き継ぐ立場になりました。そうなるまでの私のこころのなかの過程に、このセミナーで話をしたことが寄与してくれているように思います。

その機会を与えてくださり、その相手をしてくださった、松木邦裕先生に、深い感謝を表したいと思います。

秋の気配の神宮前で——

雨音に死者の声あり白木槿

後記

〝愛と死〟という大きなテーマに私たちは向き合いました。

私たちは精神分析の臨床を踏まえたところからしか、このテーマを語れません。ここに究極の答えを提出することもできません。ただ、臨床の場という生きた空間に現われる〝愛〟と〝死〟に向かい合うために、精神分析的な臨床家が考えを巡らせる、新たな問いを見出す、そうした機会を提供できればと願います。

思えば一九七六年、私が内科研修医だった頃、担当患者の初めての死に、研修医仲間たちは順次遭遇しました。その死は予測されていたにもかかわらず、あまりに巨大で、死んだ患者を受け持っていた仲間は、その死にすっかり打ちのめされました。『もう、医者を辞める』と言った者さえいました。しかし時が過ぎていくなかで、それぞれがその喪失の悲痛からゆっくりと立ち直っていきました。そして、二人目の死には、それほどの動揺もせず、医師としての勤めを果たしました。

いま私は、これを悲しい話と感じます。医療の専門家となる道では、死の尊厳は大切にしながらも、死へのおののきが失われることが通常だからです。しかしながら、こころの臨床にかかわる私たちは、感受性を保ちつつ、専門家になるという道を歩みます。〃死〃に向けても、〃愛〃に向けても。

本書での藤山先生の講義は、じつに優れた精神分析講義でした。それは、〃愛と死〃という私たちの生きていることを根本に据えた、真に精神分析であるものです。読者はそれに得心されるに違いありません。

******　　******　　******

第七回《精神分析スタディＤＡＹ》に（そして、こころの臨床セミナーＢＯＯＫ『愛と死』に）こころよくご同席くださいました藤山直樹先生に、こころより感謝いたします。また、セミナーの企画から書籍の完成まで、いつも丁寧にかかわってくださる創元社の津田敏之さんに、ここに改めて感謝いたします。第七回《精神分析スタディDAY》にご参加くださいました皆様、ありがとうございました。

雨に煙る逢いたか橋を眺めつつ

松木 邦裕

な・は　行

ま・や・ら　行

索 引

著者紹介

松木邦裕　（まつき・くにひろ）

1950年、佐賀県生まれ。

1975年、熊本大学医学部卒業。1999年、精神分析個人開業。

2009－2012年、日本精神分析学会会長。

2009－2016年、京都大学大学院教育学研究科教授。

日本精神分析協会正会員、京都大学名誉教授。

著　書

『対象関係論を学ぶ』岩崎学術出版社、『分析空間での出会い』人文書院、『精神病というこころ』新曜社、『分析臨床での発見』岩崎学術出版社、『私説対象関係論的心理療法入門』金剛出版、『摂食障害というこころ』新曜社、『精神分析体験：ビオンの宇宙』岩崎学術出版社、『分析実践の進展』創元社、『精神分析臨床家の流儀』金剛出版、『不在論』創元社、『耳の傾け方』岩崎学術出版社、『精神分析の方法と本質』『夢、夢見ること』（共著）創元社＜こころの臨床セミナーBOOK＞、『こころに出会う』創元社、ほか多数。

藤山直樹　（ふじやま・なおき）

1953年、福岡県生まれ。

1978年、東京大学医学部卒業。1999年、個人開業。

2001年－上智大学総合人間学部教授。

2012－2015年、日本精神分析学会会長。

日本精神分析協会正会員。

著訳書

『精神分析という営み』岩崎学術出版社、『集中講義・精神分析』（上／下）岩崎学術出版社、『続・精神分析という営み』岩崎学術出版社、『精神分析という語らい』岩崎学術出版社、『落語の国の精神分析』みすず書房、『精神分析を語る』（共著）みすず書房、『フロイト技法論集』（共訳）岩崎学術出版社、『精神分析の方法と本質』『夢、夢見ること』（共著）創元社＜こころの臨床セミナーBOOK＞、ほか多数。

こころの臨床セミナーBOOK

愛《あい》と死《し》

生きていることの精神分析

2016年11月10日　第1版第1刷発行

著　者……………………………………………………………

松木邦裕・藤山直樹

発行者……………………………………………………………

矢　部　敬　一

発行所……………………………………………………………

株式会社 創　元　社

http://www.sogensha.co.jp/

本社　〒541-0047 大阪市中央区淡路町4-3-6

Tel.06-6231-9010　Fax.06-6233-3111

東京支店　〒162-0825 東京都新宿区神楽坂4-3 煉瓦塔ビル

Tel.03-3269-1051

印刷所……………………………………………………………

株式会社 太洋社

ISBN978-4-422-11309-8　C3011